血で血を洗う

「イスラム国」

殺戮《さつりく》の論理

小瀧透

はじめに――不可解な一神教

私が初めてアラブを訪れたのは、１９７０年代、第一次石油ショック後のことであった。サウジアラビアのリヤード大学に留学していた私は、初めて見る世界に圧倒される思いであった。

ここサウジでは、イスラーム復古主義をベースに置いたワッハーブ派が社会の全てを取り仕切っていた。ウラマーと呼ばれるイスラーム法学者は、人の行う一挙手一投足に至るまでイスラーム法（シャリーア）のタガをはめた。人々は大声で笑うことも、街中で歌うことも、スンナ（社会慣習）に逆らって新しいことを行うことも全て厳禁されていた。ここでは宗教が法律だった。人と神が契約し、そこから派生する宗教法が法体系を形造っていた。私はこの地で初めて、この文化体系を異にする一神教世界と出会ったのである。

しかし、アラブはそうした宗教性だけで成り立っているのではない。アラブには、その宗教性と対極にある砂漠がある。それは、おそろしく広い空間だ。サハラを初めて訪れた時、私は泣き出したくなるような寂寥感に襲われた。

その大きさは、どこかで自由に連なっていた。しかも、そんじょそこらにころがっている出来合いの自由ではない。人が何人死のうが生きようがまったく知らんという感じの自由だ。一言で言えば、絶対自由と呼んでいい。事実、この地に住む者は、このだだっ広い世界の中を自由気ままに生きていた。アラブとは、この両世界が激しく衝突・融合する場であった。

これは面白い世界であった。非常に刺激的な光景だった。以後、それに魅せられた私は、この地を放浪し続けた。と同時に、幾つもの疑問が生まれてきた。それは、日本人の常識ではとうてい計れぬ言動に依っていた。

見知らぬ隣人がいきなりぬっと現れて、思いもよらぬ行為をする――そんな感じだ。実際、アラブは分からない民族で、イスラームは分からない宗教だ、とよく言われる。なるほど、そうだ。商売でも、文化でも、例のテロでも、彼らの行動パターンはなかなか把握し切れない。少なくとも、日本人の常識から大きく外れる。

したがって、中東ウォッチャーの私のもとにもさまざまな問いが寄せられる。「なんでこう、連中はあれほど働くのが嫌いなのか」という、いかにも勤勉な日本人の問いから始まり、「女性とも付き合えず、酒も飲めないとは気の毒な！　イスラームとは何であるも堅苦しいのだ」という思いやりとも同情ともとれぬ問いを発した挙げ句、最後には、かのテロリズムが口の端にのぼる。

「分からん。まるで分からん。なんであんなまねをしなければならんのだ」と。

この気持ちはよく分かる。日本人の眼から見れば、テロの是非を問う前に、その理由が分からないのだ。例えば、9・11事件でも、世界貿易センターに勤める市民や旅客機の乗員乗客を道連れにしたこのテロが並大抵の意識ではできないことは推測できても、その原因が分からなくては話にならない。その疑念は、国境を無視して拡大したイスラーム国や、それを支持して馳せ参じる白人ムスリム（イスラーム教徒）改宗者、さらにはホームグロウン・テロ（国外の組織などではなく、国内出身者によるテロリズム）の問題にまで及んでいる。その最たるものが今回の日本人殺害事件で、とりわけ後藤さんに至っては、現地の惨状を報道する人道的なジャーナリストであり、イスラーム国もそれを十分承知しながらも殺戮した。ここまで来れば、「なぜ、あそこまで狂暴なのか」という疑問がどうしても湧いてこよう。しかも、その殺し方が異様である。ナイフを使って殺戮し、これ見よがしにネットに流す。そのセンスが分からないのだ。

それでも一昔前までなら、イスラームなどどこか遠い奇妙な教えとしておけばよかったのだが、石油危機以後はそうはいかない。何せ、この地の原油は日本の消費の88パーセントを占めており、中東抜きには日本の経済は立ちゆかない。また、欧米で起きているイスラーム問題もがぜん身近になっており、日本の近未来を暗示している。

こうなると、単なる他人事として片付けるわけには決していかない。

その問題を突き詰めると、どうしても一神教の淵源にまでさかのぼる。少なくとも、その原風景にまで立ち至らないと真の理解には至らない。

この書は、そうした問題意識の上に立ち、さまざまな事象の説明とその背後にある一神教の在り方（とりわけ、アラブ・イスラームの在り方）に言及したものである。

血で血を洗う「イスラム国」殺戮の論理――目次

I　イスラーム・テロリズムの原像

II イスラームの風景

Ⅲ　中東イスラームの世界観

パキスタンにおける『シャルリー・ヘブド』に抗議するデモの様子（2015年1月25日）。写真：ロイター／アフロ

I

イスラーム・テロリズムの原像

1.「私はシャルリー」
——世俗主義の信仰告白

２０１５年の幕開けは衝撃的な事件で始まった。パリ11区にある新聞社シャルリー・エブド社をイスラーム過激派が襲撃し、編集会議に出席していた12名の当事者を皆殺しにしたのである。同社が「イスラームの預言者ムハンマドの風刺画をたびたび掲載した」との理由であった。

この事件にフランス社会は震撼し、反テロの抗議デモがフランス全土を覆い尽くした。その数は３７０万にも上ったとされている。

では、なぜこのテロがこれほどの衝撃を与えたのか？　それは、フランス社会の根幹を徹底して叩いたからだ。

それは、一般には「表現の自由への攻防」として喧伝されるが、それだけでは説明になっていない。というのも、単なる表現の自由の問題ならば、あれほどの抗議は起こらなかったはずだからだ。それは、言論を事にする知識人やジャーナリストの関心事ではあっても、大衆の問題にはなりにくい。ここのところを日本人は分かっていない。いや、それを単なるイスラーム問題に置き換える隣国ドイツのデモ隊も分かっていない。両者ともフランス革命に見られるような宗教との対立を経ておらず、表現の自由を単なるデモクラシーの一要素としか見ていないからである。

では、いったい何が370万もの人間を突き動かしたのか？

それは、フランスの世俗主義が単なる思想を超えた宗教であったからだ。

試みにそれを以下で記してみよう。

宗教名　世俗教（宗教ジャンルは理性信仰）
誕生地　フランス
歴史的母体　フランス革命
基本教義　自由・平等・博愛
基本教義に至る過程　表現の自由
信仰告白　私はシャルリー

これをイスラームと比較すれば、より理解できよう。

宗教名　イスラーム（宗教ジャンルは啓示宗教）
誕生地　アラビア半島のメッカ

歴史的母体　　　預言者ムハンマドの社会改革
基本教義　　　　神（アッラー）への絶対服従
基本教義に至る過程　律法（イスラーム法）遵守
信仰告白　　　　アッラーの他に神はなし、ムハンマドはその預言者である

つまり、フランスの世俗主義は、ずばり宗教（世俗教）なのであり、この認識なくして、シャルリー・エブドの風刺画事件は解明できない。だから、デモ参加者が「私はシャルリー」と唱えながら歩くのは巡礼であり、デモ行進一般ではありえない。事実、涙ぐみながら歩いている者が数多く見受けられた。すなわち彼らは、世俗教の信仰告白を唱えながら歩いていたのだ。

その告白は、イスラーム国の国旗にある「アッラーの他に神はなし、ムハンマドはその預言者である」との信仰告白（カリマト・シャハーダ）とまさに対をなしている。

では、世俗教の社会目的とはいったい何か？

それは、宗教を「内面の檻（牢獄）」に閉じ込めて外部（社会）に流出させないことである。彼らはそれを度重なるキリスト教（とりわけカトリック）との戦いで実現した。

通常、これは「ライシテ」の名で呼ばれる聖俗分離の原則として知られるが、その実情は単なる社会慣習では決してなく、聖俗の宗教戦争に勝利した世俗教の戦果なのだ。

ところが、ここに新手の一神教が海の彼方から現れた。イスラームである。困ったことに、イスラームは聖俗一致（政教一致）を玉条とする啓示宗教である。その原則は、世俗教の聖俗分離と真っ向から衝突する。こうなれば、後は熾烈な思想戦（その延長線上にあるのがテロ戦争）が繰り広げられるだけである。彼らは今、イスラームを新たな信仰の敵と見なし、新種の宗教戦争を戦っている最中《さなか》にある。

2. なぜフランスの世俗主義は宗教を目の敵にするのか

フランスの世俗主義が宗教にまでなったのには理由がある。

まず挙げなければならないのは、キリスト教（カトリック）の重圧である。つまり、当地のキリスト教会がおんぶお化けのようにのしかかり、取り憑いて離れなかったのである。

具体的に挙げればこうである。カトリックは、七つの秘蹟を持っている。洗礼・堅信・聖体・告解・終油・叙階・婚姻である。これらはいずれも、人生の岐路に当たるイニシエーション（通過儀礼）と見られるが、それと同時に非常な桎梏にもなっていた。というのも、誕生時の洗礼から、婚姻を経て、終末に至るまで、全てを管理されていたからだ。すなわち、洗礼を受けなければ誕生を認められず、婚姻を経なければ結婚を認められず、終油を得なければ死亡さえ認められなかった。おかげでカトリックによる宗教支配は日常の隅々にまで至り、これ以上ない重荷となっていた。おまけに、宗教領主たるや、世俗のそれよりさらにあこぎな存在で、かの十分の一税を振り回し搾取に搾取を重ねていた。これでは、大衆はたまらない。

まだある。こうした宗教支配に反抗すれば最悪の場合異端審問が待っており、ひとたび審問にかかってしまうと「イエスでさえ逃れられない」という苛烈な結果を招いていた。
では、カトリックのそうした全面支配に反抗したプロテスタントはどうかと言えば、これまたそれを上回る宗教支配となっていた。有名なカルバン支配（スイスのジュネーブ支配）がそれを見事に証明している。

まずジュネーブでは、芝居・娯楽・祭り・踊り等々が全て禁止されていた。服装もごく地味なもの以外着てはならなかった。駕籠や馬車もいけなかった。家族の祝い事も20人を超えてはならなかった。婚約の酒宴も皿数も制限され、菓子や砂糖漬の果物も禁止された。男女関係も夫婦以外の交際全てが駄目であった。既婚姻者でも容赦はなかった。地元の者が宿屋に出入りし旅行者と交わるのも厳禁された。つまりは、全てが禁止された。

ざっとこんなものである。それは、カルバン派等禁欲的プロテスタント（フランスではユグノー信者）が「神に串刺しにされた者」と呼ばれたことからもよく分かる。

おまけに、カトリックとプロテスタントはその行きがかり上不倶戴天の敵同士で、フランスに限っても１５６２～98年にかけて壮絶な宗教戦争《レ・ゲール・ドゥ・ルリジオン》（ユグノー戦争）が戦われている。これがどれほど災厄をもたらしたかは計り知れない。

その反動がフランス革命を契機に起こったのだ。彼らは、理性を信仰から独立させ、後者を個人の内面に限ることで、聖俗分離（世俗主義）を築いたのだ。

「もう絶対に、かつてのような宗教支配はお断りだ。その危険があれば、どのような手段を用いても粉砕する」——これが彼らの信条だ。先の例で言うならば、世俗教のドグマと言えよう。フランスの世俗主義が絶対的存在（宗教化）と化してゆくのは、こうした事情に依っている。

3. 宗教批判に初心《うぶ》なイスラーム

一方のイスラームは、こうした歴史的過程を経ていない。キリスト教に見受けられる宗教改革も異端審問も何もなく、理性の独立もなければ政教分離も存在しない。要するに、世俗主義が独立する契機が何一つなかったのだ。そうした無垢なムスリムたちが突然世俗主義の荒波にさらされた。とりわけ、ヨーロッパ移民のムスリムたちには苛烈だった。

今まで絶対の聖域だった神や預言者（ムハンマド）の権威がいとも簡単に否定され、嘲りの対象になっている。イスラーム本国であれば極刑にも値する行為が、である。そもそも、彼らにとっては、そうした聖域に踏み込むことすら、考えられないことであった。ところが、ここ西欧では、神を捨て去ることなどがごく当たり前に行われ、またそれを恥ともせず、無神論的イデオロギーが公然と語られている。イスラームでそれをやれば、ただちに背教規定（タクフィール規定）が適用され、死刑であるにもかかわらず、である。事実、サウジアラビアでは、１９７０年代に成立した共産党は、ただ党員というだけで死刑となり、有無を言わさず鎮圧された。無神論への背教規定が適用されてのことである。

エジプトやチュニジアなど、ある程度民主化が進んだ国はそこまではいかないが、それでも無神論者であることを公言することは憚れる。「神を信じない者はとんでもない極悪人だ」と見なされるからである。

それが、西欧ではごくごく自然に認められていたのである。

曰く。「信仰は個人の問題だ。自由な思想信条の問題だ。それ故表現の自由は必要なのだ」と。

また、その理由を問い質せば、こう言われるかもしれない。

「われわれの社会では思想信条は絶対的に守られる。それを保護する言論の自由も相対自由ではあるものの絶対に近い存在だ。さらにそれを保障する集会・結社の自由もまた必要不可欠な権利である。したがって、宗教であれ政治であれ、こうした自由を侵害してくる権力には徹底して抵抗する権利がある」と。

そして、それに反論すれば、こう引導を渡される。

「異論があれば名誉棄損で訴えればいいだけだ。それが全てだ」と。

これに対するムスリムの戸惑いと憤怒は計り知れない。

要するに、彼らはこうした批判や嘲笑にまったく初心《うぶ》で、抵抗力がまるでない。そのため、これをどう考えていいのか分からないまま、ふつふつとたぎってくる憤怒だけは容赦なく込み上げてくる。これは、非常な葛藤だ。

その結果、彼らの精神は二つに引き裂かれることになる。その憤りを何とか抑えフランス社会に適応していこうとする者と、それに激しく反発し暴力をも辞さずに反撃していこうとする者の二者である。前者が穏健なムスリムと呼ばれる者で、後者が過激派と呼ばれる者だ。

今回のシャルリー事件はもちろん後者に依るものだが、前者とて好きでおとなしくしているわけではなく内心では激しく憤っていることから、世俗教とイスラームの確執は非常に根深いものがある。

フランス社会の亀裂は限りなく深いのだ。

4. 〝悪魔の自由〟

では、どうして、このような亀裂が生まれたのか？

そこには前述した表現の自由をめぐる確執があるわけだが、その背後には世俗教が持っている隠れた裏教義が存在する。

何か？　「悪魔の自由」だ。具体的には「たとえ相手が悪魔（自己の思想的敵対者）を信仰しようとも、それ自身は止められない」とする思想である。

これは、苛烈極まる宗教戦争のため共倒れの事態に陥った西欧社会が、これ以上相手の内面に介入すれば相互殺戮しか生まれないとの危機感から生じたもので、これをもって「思想信条の自由」が確立した経緯がある。

そもそも宗教戦争は、自らを正義の側に位置付けて、悪魔と見なした思想敵を打ち倒さんとするところから出発する。そのため、どのような手段を取っても正当化され、最終的には相手の内面までずかずかと踏み込んで悪魔の信条を取り去ろうと試みる。これが強制改宗や異端審問を誘発する。ところが相手も相手で唯々諾々とは決してならず、同様の挙に及んでくるため、際限のない殺戮が繰り返されることになる。

それを何とか阻止するために生まれたのが悪魔の自由で、ここに相手の思想信条がいかなるものでも手を付けないとの思想が生まれた。

これが絶大な威力を発揮する。一例を挙げれば、民主主義選挙がこれに当たる。例えば、われわれは選挙の際、ある候補者を支持するかを装って、その実ペロリと舌を出し対立候補に投票する例を知っている。典型的な面従腹背と考えられよう。

この面従腹背が「悪魔の自由」に依っている。

だが、イスラームは、この悪魔の自由に慣れていない。ごくごく素朴に「悪魔は撃ち殺さなければならない」と考える。

実は、イスラームの世界観の方が、道徳的には正当であるかもしれない。面従腹背はいかにも背徳的であり、かつ特殊な事例であるからだ。

だが、これがなければ民主主義など機能せず、また思想信条の自由を確保できなかったことから面従腹背が容認され、それを支える悪魔の自由が認められることになる。

その両者の矛盾を最も露呈したのが『悪魔の詩（サタニック・バーシズ）』事件である。故ホメイニ師（イラン・イスラーム革命最高指導者）が、この作品に激怒して死刑判決のファトワーを出したからだ。ファトワーとは権威あるイスラーム法学者が自らの法的見解を開陳する公言だが、彼は『悪魔の詩』が神と預言者（ムハンマド）を侮辱したことをもってイギリス人作家サルマン・ラシュディーに死刑を言い渡したのである。悪魔の自由を真っ向から否定した所行であった。

悪魔に自由を与えた西欧は、悪魔を懲らしめんとするイスラームと激しくぶつかり合っているのである。

5. イスラームのタブーについて
――偶像崇拝を否定する理由《わけ》

では、今回の風刺画のどこが問題であったのか？

まず考えられるのが、偶像崇拝の否定である。

イスラームでは、預言者の姿を描いてはならないとされている。それが偶像（イドラ）化するからだ。イドラ化すれば、それがいつかは独歩して神格化されてゆく。

イスラームは神の唯一性（タウヒード）を最も重視した教えである。そのため、ほんのわずかな事象でも神に比肩する場合には、それを絶対に認めない。この地の絵画的表現がきわめて抽象的になってゆくのはこのことがあるからだ。

それは、ムハンマドがマディーナからメッカに帰還した時の所行を見ればよく分かる。ムハンマドの伝記たる『スーラ・ナバウィーヤ（預言者伝）』に依ると、そこのところはこうなっている。

――メッカ入城の日、ムハンマドは街中をラクダに乗って練り歩き、カーバ神殿の中に入ってゆく。と、人々の注視の中、「アッラーフ・アクバル（神は偉大なり）」との大音声を張り上げてカーバ神殿東南角に置かれている黒石に杖を当てて拝礼すると、神殿のまわりを周回し、次いで神殿に祭られていた神像をことごとく破壊するよう命令する。

「完膚なきまでに叩きつぶせ」と。

たちまち、石塊となった偶像が辺り一面に散乱した。中でも神殿中央に祭られていたホボル神への破壊は激しく、それこそ粉微塵にされて飛散した。神の唯一性とは、このような行為に裏付けられた激烈な思想表現なのである。

この延長線上にバーミヤン（アフガニスタン）の大仏破壊が存在する。あの時タリバーンはすでに顔面をすりつぶされていた大仏をさらに粉々に爆砕した。ムハンマドの先例に倣ったものと思われる。

ちなみに、ムハンマドはメッカに対して比較的寛容に統治するが、ただ一人、詩人だけは許さなかった。その舌でイスラーム批判（アッラーへの非難）を繰り返していたからだ。

宗教とは、いかなる場合も、偉大な先達の事例を踏襲する。イスラームの場合はムハンマドである。そのため、彼の行為は社会的模範となり、それに従えば従うほど善き行為と愛でられる。

とすれば、偶像破壊やそれに類似する行為は推奨されるものとなる。また、詩人が粛清された事例から神批判をする者も否定される。シャルリー・エブドは、この二つのタブーを公然と犯したのだ。

おそらく、彼らはこう思っていたのではないか。

「イスラームのこうした教条に遠慮（自主規制）すれば、われわれはイスラーム法の支配下に入ってしまう。それだけは断じて認められるものではない」と。

まさに、表現の自由の権化である。

彼らは、敢然とデモクラシーの旗を掲げ、テオクラシー（神権政治）に切りかかっていたのである。

6. イスラーム国（その一）～なりたち

今最も話題になっているイスラーム過激派がイスラーム国である。だが、その概略が分からなければ始まらないので、ここではそれを知るために彼らの辿った歴史から見てみよう。

さて、イスラーム国の原型は、ヨルダン人のテロリスト＝アブー・ムスアブ・ザルカウィーによって創られた。

ザルカウィーの活動歴はアフガン義勇兵として参戦したのを嚆矢とするが、その後出身地のヨルダンで王制打倒を掲げた組織「タウヒード・ジハード団」を立ち上げる。

だが、この目論見は失敗する。ザルカウィーは捕縛され6年間獄舎につながれることになる。そのため、再度アフガンに舞い戻り、自前の訓練キャンプを作りながらアル・カーイダらイスラーム過激派と交わることになってゆく。

ところが、ここで9・11事件が勃発し、アメリカがタリバーン攻撃を始めたためアフガンから逃れざるをえなくなり、しばらくの間鳴りをひそめる（イラン潜伏期）。獄中生活に続く第二の不遇時代である。

だが、2003年にイラク戦争が始まると、元アフガン義勇兵を引き連れてイラクのファルージャを拠点とし、対米対シーア派テロを開始する。それは、自爆テロを多用した激烈なものであった。また、それと時を同じくして日本人旅行者（香田証生）を誘拐し殺害している。彼らはこの時すでに日本人の殺害に手を染めていたのである。その時の名が「イラクのアル・カーイダ」である。アメリカがザルカウィーに2500万ドルの懸賞金をかけて追い回すのはこうしたテロ活動に依っている。

その甲斐あってか、アメリカはザルカウィーを空爆で殺害し、また地元のスンニー派諸部族を懐柔した「覚醒評議会」を創設して過激派封じ込めにかかってくる。一方、彼らも過激派の連合組織ムジャーヒディーン評議会を作り、それを母体に「イラク・イスラーム国」を立ち上げる。現在イスラーム国のカリフとされるアブー・バクル・バグダーディーは、その二代目の指導者である。ただ、両者の力関係は徐々に前者に有利に働き後者の封じ込めに成功する。

ところが、その後の情勢が彼らに味方する。シリア内戦が始まったのだ（2011年）。この場合、イラクの混乱を避けるため大量のイラク難民（150万）がシリアに避難していたことが彼らにとって幸いした。難民の中から戦闘員や行政能力を持つ人間をリクルートできたからだ。

彼らが「イラクとシリアのイスラーム国」を自称し、国境を跨ぎながら活動するようになったのはこのことがあるからだ。

だが、この参戦がシリア内戦をさらなる混乱に誘引する。というのも、途中からその戦略が変更され、味方であるはずの自由シリア軍や同じアル・カーイダ系のヌスラ戦線を攻撃の対象にするからだ。「これは汚い」と誰しも思ったことであろう。実際、背後から襲われた反体制派は激怒して、それ以後イスラーム国と交戦状態に入ってゆく。

このなりふり構わぬマキャベリズムが彼らの勢力拡大につながった。反体制派の支配地区を横取りし、武器や資金を手にしたイスラーム国は、勢いそのままにイラクへと舞い戻り、北部の要衝モスルを落とす。

この時の勢力比は、政府軍側3万人、イスラーム国側3千人。誰が見ても圧倒的に政府軍に有利であった。だが、政府軍が雪崩をうって逃亡したためイスラーム国は無傷のままでモスル全域を制圧する。

なぜ、そのようなことになったのか？　それは、シーア派主体の政府軍が当地に占領軍として乗り込んできたことに依っている。そのため、地元からの支持はなく士気も極端に落ちていた。

もともと、イラクは、南部のシーア派地区、中西部のスンニー派地区、北東部のクルド人地区に3分割されている。そのため、どこが政権を担っても、他の地区へは占領軍として乗り込むことになってしまう。加えて、当時のマリキ政権はスンニー派を疎んじて（時には激しく弾圧して）シーア派を過度に偏重したために非常な悪評をかっていた。何せ、行政府や軍・治安機関からスンニー派を一切締め出しているのである。伝えられるところによれば、最大10万人のスンニー派が路頭に迷ったと言われている。この傾向はもともと存在していたが、アメリカ軍が撤退しその重石が取れたため、いっそう拍車がかかってゆく。こうなれば、マリキ政権に怨嗟の声が挙がるのは当然で、彼らの一部がイスラーム国に流れたのもうなずけよう。しかも、彼らの中には旧バアス党政権下（フセイン政権下）で国家運営に携わっている者がいたために、よけいにイスラーム国の勢力伸長に手をかすことになってしまった。

かくして、イスラーム国は労せずしてスンニー派諸部族や当地の武装勢力（軍閥）を吸収し、バグダードにまで迫る勢いを示してきた。と同時に、「イスラーム国」建国を宣言し、アブー・バクル・バグダーディーのカリフ就任を発表する。

これに驚いたのがアメリカである。せっかくイラクという泥沼から足を洗ったと思いきや、新たな過激派が出現したため再び介入せざるをえなくなった。そこで、イスラーム国による大虐殺の恐れがあるヤズディー教徒（クルド人の宗教的マイノリティー）保護を大義にして空爆を開始した。そのため、イスラーム国の進撃はいったん止まり、今は一進一退が続いている。

これがごく簡単なイスラーム国の歴史的経緯だ。

7. イスラーム国（その二）～組織の特徴

では、このイスラーム国はどのような組織で、どのような特徴を持っているのか？まず初めに目立つのは、えらく土地に執着していることである。

それまでの過激派（とりわけアル・カーイダ）がネットワーク組織であるのに対し、イスラーム国は土地と結びついた実体的組織である。

むろん、それには理由《わけ》があり、アル・カーイダはタリバーンの客分であった関係で、土地付き国家の獲得（運営）はタリバーンにまかせていればそれでよかった。そもそも彼らの目的はダール・ル・イスラーム（イスラームの家）への西欧の侵略を防ぐことで、イスラーム国家の建設は眼中に入っていなかった。

ところが、イスラーム国は、タリバーンに当たるイスラーム国家がなかったため、勢力を拡大するには自前の領土を獲得せざるをえなかった。

この時の建国理念が、第一次大戦後の国境線引き、すなわちサイクス・ピコ協定の破棄である。この協定は、主としてヨルダン・イラクをイギリスが、シリア・レバノンをフランスが勢力範囲とする密約だが、これがアラブの非常な怨嗟となっていた。イスラーム国がシリア・イラクの国境線を跨いで建国を果たしたことはその怨嗟を代弁したものと言えるであろう。

だが、イスラーム国の国境無視はそれだけにとどまらない。

実は、彼らは、かつてのイスラーム帝国の復興を夢見ている。カリフ位の復活はそのことをたぶんに意識したものと言えるであろう。カリフの名をひとたび聞けば、多少なりともムスリムの心にジーンとくるところがあるからだ。

もともと、イスラーム世界には、血縁集団と宗教共同体（ウンマ・イスラミーヤ）だけがあり、その中間の国家（ダウラ）の存在が希薄であった。そのため、彼らの提示したイスラーム帝国の構想は、大風呂敷ではあるものの歴史的郷愁を誘うのだ。

ちなみに、この帝国復興構想は、何もイスラーム国の地理的延長線上（軍事的征服）に構想しているのではない。現在、イスラーム世界には、さまざまな過激派が中央政府が弱体化した辺境地域で暴れ回っている。具体的には、マグレブ（北西アフリカ）、リビア、シナイ半島（エジプト）、パレスチナ、ナイジェリア、ソマリア、イエメン、アフガニスタン、パキスタン、チェチェン、フィリピン等がそれに当たるが、彼らはいずれもローカルな場で個々ばらばらに戦っている立場にある。だから、組織的連携もほとんどなく、あってもたいしたものではない。

だが、イスラーム国の立場からすれば、とりあえずそれでいいのだ。そうした組織がイスラーム国（カリフ）に忠誠を誓うと宣言し、その配下に入ることで、その支配領域は自国に編入されたと見なせるからだ。イスラーム国の目指すイスラーム帝国の版図を見ると、現在のイスラーム世界全域と重なり合うが、その出発点は今述べた各地のローカル過激派の忠誠によってもたらされるものである。彼らが既成の秩序に収まった国民国家にことごとく敵対し、その解体を目指しているのも、そうした考えに依っている。むろん、その標的には既成のアラブ諸国も入っている。その国家秩序を壊すことで内乱状態に陥れ、そこに新たに台頭する過激派を配下におさめてゆくことが、彼らの戦略と言えるであろう。

そのため、西欧諸国はむろんのこと、同胞たるべきアラブ・イスラーム諸国にも牙を剝き、戦闘状態になっている。かのタリバーンさえ承認していたサウジアラビアが、イスラーム国には空爆を実施している現状はそれを見事に示している。ちなみに、イスラーム国に国家レベルの外交センスがまったくないと言われるのもこのことに依っていよう。何せ、既存の国家秩序を全否定しているのだから。

一方、彼らはいささか変わった過激派で、通常なら主要スローガンに掲げるはずの反ユダヤ主義がまったく見られなかった。少なくとも、ある時期まではそうである。それは、イラクで進撃をし始めたのとほぼ同時期に行われたイスラエルのガザ侵攻を見れば分かる。本来のイスラーム過激派なら、ガザ侵攻を待ってましたとユダヤ批判（イスラエル批判）につなげるはずだが、それについては一言の言及もなされていない。不思議と言えば、不思議である。

ところが、これが、アメリカの空爆でガラリと変わった。何がどう変わったかと言えば、ローカルの土地付き国家を目指す路線が、対欧米対ユダヤ主義を視野に入れた国際主義に転換したのだ。「近くの敵」だけでなく、「遠い敵」も視野に入れてきたのである。

まあ、直接空爆されたのだから路線が変わっても不思議はないが、それにしても非常な転換と言えるであろう。その象徴が欧米本土へのテロ活動だ。

これが、陸上兵力しかないイスラーム国の、空爆に対する答え（報復）である。事実、シャルリー・エブド事件と並行して実施されたスーパー占拠事件でも、首謀者のアメディ・クリバリは、自らの行為を空爆への報復であると述べている。

近年、ホームグロウン・テロが取り沙汰されるが、それ単独で成り立つ契機は非常に少ない。この種のテロは、イスラーム世界の激動と連動してなされているのだ。

8. イスラーム国（その三）～凶暴性

最後に、イスラーム国の凶暴性について述べる。

これにはさまざまな理由があるが、その一つがイスラーム国の戦闘主体が外国人義勇兵に依っていることに存在する。

伝えられるところによれば、イスラーム国の戦闘員リクルートは、アル・カーイダに見られるようなイスラーム諸国（とりわけアラブ諸国）からのみではなく、全世界からのものになっている。だから、少数ながら白人クリスチャンの改宗者も存在し、しかもこうした義勇兵は、より戦意があるとされ、現地の者より優遇されているようだ。

要するに、イスラーム国の存在は、地縁・血縁から離れたところに存在根拠を置いているため、その暴走（虐殺等）が止められないのだ。

それは、彼らが常に行使する誘拐ビジネスにも見受けられる。何せ手あたり次第なのである。敵対する欧米の市民はもとより現地人に至るまで、少しでも金になると思しき者は有無を言わさず誘拐している。したがって、今回の日本人人質事件も、日本人ということに特別の意味はないであろう。

ただ、こうした誘拐ビジネスの乱発や残忍性は、地縁・血縁を無視した分だけ現地住民（支配地区のアラブ住民）の反感を増すことになるであろう。事実、外国からの義勇兵は地元とのしがらみがない分だけ残忍になる傾向が色濃くあり、それがイスラーム国の残虐性をいっそう際立たせることになっている。彼らが平気で現地の男を皆殺しにし、女を兵士に払い下げ、あるいは奴隷として売り飛ばすのはこうした事情に依っていよう。

では、このような蛮行を彼らはどのように見ているのか。イスラーム国の機関紙『ダービク』は、それを「不信仰者を奴隷とし、その一族の女たちを所有するのは合法だ」と述べている。だが、さらにその根拠を聞かれれば、「預言者ムハンマドの先例に倣っている」と言うかもしれない。

実は、預言者ムハンマドは生涯三度の戦争（対メッカ戦争）を遂行し、その都度敵側に内通したとの理由をもってユダヤ三部族を粛清している。カイヌカーア、ナディール、クライザの三部族である。とりわけ、クライザに至っては、成人男子をことごとく殺戮し、女子供を奴隷として売り飛ばした。

これをもってイスラーム国は、自らに刃向かう者を虐殺し、女たちを性奴隷として売り飛ばすのを預言者の先例と見なしている気配がある。ただし、それを現代に適用するとは恐れ入った話だが……。

ちなみに、アル・カーイダも外部からの義勇兵の集まりだったが、それでも彼らは地元のムジャーヒディーン（イスラーム戦士）とのつながりを重視し、現地の女性とも正式に結婚して地元との関係を取り結んでいた。また、だからこそ、未だにパキスタンの部族地域（トライバル・エリア）で匿われているのである。

ところが、イスラーム国にはそうした形跡が見当たらない。そもそも、いかに異教徒・異宗派といえども地元の女性を性奴隷化するなどすれば、反感を買うに決まっている。いったん、負けが込み始めると、まずは鳴りを潜めていた地元の武装勢力が一斉に叛乱し、義勇兵の脱走が堰を切り、それをもってとどめを刺されることになろう。

もともと、イスラーム過激派は戦乱を食い物にして初めて成り立つ存在故、当地が安定してくれば存在意義を失くしてゆく代物だった。したがって、イラクの治安が回復し、シリア内戦が収束すれば、自ずと消え去ることになろう。逆に言えば、戦乱が増せば増すほど、彼らの支配地域は拡大し、その勢いは増してゆく。イスラーム国の戦略とは、そうした戦乱の全世界的拡大なのだ。だが、それは、確実に破綻する。そうした非日常的混乱はいつまでも続かないからである。

その時には、内部の離反とも相まってカウンター・ジェノサイドが発生し、イスラーム国の成員が虐殺の憂き目に遭うはずである。

彼らの未来は限りなく暗いのである。

9．東トルキスターン・イスラーム運動

次に、他地域のイスラーム過激派を見てみよう。中国からの分離独立を目指すウイグル人イスラーム組織「東トルキスターン・イスラーム運動」である。

実は、私は彼らの指導者（アハマド）に会ったことがある。東トルキスターン亡命政府の招待でイスタンブル（トルコ）にいた時に投宿ホテルで互いに意見を交換した。

実は、当時の彼らは、非常に困難な立場にあった。

１９９７年にハサン・マフスームによって再建されたイスラーム運動は、当時誕生したアフガン・タリバーン政権の庇護の下、１千名のコマンドを養成し中国国内へ出撃していた。90年代に起きたバス・鉄道へのテロ活動や軍・警察への襲撃は彼らのものとされている。

だが、ここで驚天動地の事態が起こる。

９・11事件が起こったのだ。アメリカは、いや世界中がこの事件に震撼した。

おそらく、彼らもこの事件を聞いた時愕然としたであろう。こうなれば、アメリカの反撃は必須であり、その時はアル・カーイダもろともに爆撃にさらされることになる。事実、

イスラーム運動は、この戦闘に組織ごと巻き込まれ、コマンドはバラバラに拡散し、ある者は中国に帰って捕縛され、ある者はパキスタン当局を経てアメリカ（グアンタナモ基地）に引き渡され、ある者はトルコやアラブにまで逃亡し、ある者はパキスタン・トライバルエリアに身を潜め、党首のハサン・マフスームに至っては、パキスタン・アフガン国境線でパキスタン軍に捕捉され戦死した。それを知った北京政府は小踊りしながらそれを報じた。私の会ったアハマドがトルコにまで逃亡したのはこのことがあったからだ。

そのアハマドとの会談は2時間余りだったろうか。

物静かな男だった。だが、時折見せる表情には、ぞっとするところがある。まるで死神に取り憑かれたような表情だ。10年余り新疆ウイグル自治区の刑務所に服役していた体験が、そうした表情を形作っているのだろう。

彼は言った。

「刑務所での体験は筆舌に尽くしがたいものであった。それは経験したものでなければ分からない」

「中国がいかに非情な存在かはこの間の弾圧で明らかである。彼らは我が同胞を逮捕し、拘留し、死に至らしめた」

「われわれは、この弾圧を跳ね返し、中国への反撃に打って出ることであろう」

そして、日本人のカミカゼを強く愛で、われわれも命を捨てた戦いを戦い抜くと宣言した。

「日本人はカミカゼをもって圧倒的なアメリカ軍と戦った。われわれ東トルキスターン・イスラーム運動もカミカゼと同様に中国の中枢目がけて挑みかかることになろう」と。

ちなみに、「中国人をどう思うか」と尋ねたところ、その答えは峻烈だった。

「中国人など、顔を見るだけでも反吐が出る」

そして、こう付けくわえた。

「彼らは私を釈放したことを近い将来後悔することになるであろう」と。

この言葉に嘘はない。事実、彼らは、虎の子の主力部隊を投入し少なくとも二度ほどの大々的なテロ計画をなしている。

だが、中国公安の対応も厳しかった。戦闘要員訓練中のパミール高原秘密キャンプに突入し、あるいは北京五輪時の選手誘拐や爆弾テロを未然に防いで、イスラーム運動を抑え込んだ。

かくして、イスラーム運動は壊滅的な打撃を受けたが、抵抗運動はその後も続き、今では大衆レベルにまでテロ行為が及んでいる。と同時に、近い将来イスラーム国で戦闘経験を経たウイグル人コマンドが帰還することにもなるであろう。中国が恐れるイスラーム国際主義が現実のものとなりつつあるのだ。

ただし、次の点は、反西欧のイスラーム主義者とはまったく異なる。

彼らに欧米と争う意図はない。また、欧米への恨みもない。それは、アハマドの言葉からもよく分かる。

「われわれは中国以外の何者とも戦わない」と。

また、彼らは原理主義を標榜しても、その支配下で宗教的な強制を行うことはないであろう。その目的はあくまで中国からの独立で、その意味では典型的な政治結社だ。

アメリカは9・11が起こったため、猫も杓子も一緒にして原理主義者を追い回すが、それはやはり間違っている。われわれは、原理主義を複眼的視野によって捉える必要があるのである。

ちなみに、アハマドは今トルコ政府に軟禁されているようだが、中国安全局の発表では「300人ほどのウイグル人コマンドがイスラーム国に参加しており、それが新疆地区の治安の脅威になっている」とのことである。

中国もまた、イスラーム国際主義の標的の一つになっている。

10. イスラームが西欧を嫌いな理由

さて、再び中東地域のムスリムに焦点を当ててみよう。

彼らはほぼ全員が西欧嫌いの心情を持っているが、問題はなぜそれほどまでに西欧を嫌うかにある。これが分からない限り、現在ある状況は分からない。むろん、シャルリー・エブド事件の淵源も分からない。それほど重要なのが、イスラームの深層心理だ。

何せ、彼らは西欧のやることなすこと全てが気に入らないのだ。客観的には善意だと思しきものでも、「これには何か裏がある」との疑心暗鬼が湧き上がり、ついには「それもこれも西欧（とユダヤ人）の謀略だ」とする陰謀史観が頭をもたげてくるのである。

では、なぜこのような西欧嫌いが噴き出てくるのか？

その端緒となったのが十字軍の遠征で、この時アラブ・イスラーム世界は縮み上がるような戦慄に襲われた。

「十字軍の兵士たちは正義という言葉におどらされ、教会の敵に容赦なく襲いかかった。教皇グレゴリオはこう断言した。『剣を抜かず敵を殺さぬものに呪いあれ』

歴史家であるアグレーのレーモンは、1099年に十字軍がエルサレムでイスラム教徒やユダヤ人を虐殺する時の様子をこう語っている。『それはうっとりとするような光景だった。大勢のサラセン人（イスラム教徒の呼称）が首をはねられた。……矢で射ぬかれた者、塔から突き落とされた者、何日も拷問を受けたあげく、火あぶりにされた者もいた。通りには切断された頭や手首が積み重なっていた。馬に乗って町を歩けば、どこもかしこも人間と馬の死体ばかり。ソロモンの神殿をさまよう馬は、膝まで、いや鞍まで血に浸っていた。この地が異教徒の血で覆われることは、正義とも言うべきすばらしい天罰なのだ』ビザンツ帝国の歴史家ニケタス・コニアデスはこう書いている。『肩に十字架の紋章をつけた男たちに比べれば、サラセン人でさえ情け深く親切に思えた』」（『キリスト教封印の世界史』杉村浩子訳、徳間書店）

この十字軍の遠征が2世紀にわたり、公式だけでも7度、私的なものも含めると無数に繰り返されたのである。

かくして、アラブ・イスラーム世界には決定的なトラウマ（精神的外傷）が刻み込まれた。

この結果、アラブ・イスラーム世界には次のような反西欧感情が定着する。

「このような敵に対しては、あらゆる敵対行為が、政治的、軍事的、あるいは石油戦略的であろうと、正当な報復となる。そして疑いもなく、この両世界の分裂は十字軍にさかのぼり、アラブは今日でもなおその意識の底で、これを一種の強姦（レイプ）のように受け

止めている」（『アラブから見た十字軍』アミーン・マアルーフ、牟田口義郎・新川雅子訳、ちくま文庫）

この反西欧感情を代表するのがアル・カーイダら原理主義者で、彼らの主張がなぜ根強い支持を受けているかは、ほぼこのことに依っている。

その上に、イスラームへの文化的忘恩や植民地化が重なることで極度の西欧嫌いが発生した。間違えないでもらいたい。近代までの1千年間、文化文明を教えたのはイスラーム側でその弟子筋がキリスト教側なのである。それが逆転したことで非常な怨念が生まれたのだ。

この意識は尋常でなく、「西欧が困ることならどんなことでもやっていい」と思い込むまでになっている。

こうした例は、われわれの身近にもままあることで、長く教えを乞うていた人物が少し優位に立っただけで突然急に威張り出し、あまつさえ師を足蹴にしたとなると、どうなるかは言うまでもない。両者の仲は修復できないものとなる。それが西欧とイスラームの間に起こったのだ。

人の意識は、格下の者に追い抜かれ、足蹴にされることに耐えられるようにはできていない。

かくして、イスラームの怨念は募りに募り、ついにはアル・カーイダ等イスラーム過激派に見られるようなモンスターを生み出すまでになってゆく。
彼らはイスラーム世界の怨念を代弁する存在なのだ。
現在、世界はそのテロ戦争が継続している真っただ中にある。

11. ジハード、またジハード

ここで、イスラームの主張するジハードについて述べてみる。

ジハードとは広義には「奮闘・努力」を表すアラビア語だが、狭義には聖戦を意味し、次のように考えられた。

（1）異教徒がイスラーム世界に侵攻してきた時のジハード。

これは「防衛ジハード」と呼ばれ、全ムスリムの義務となった。具体的には十字軍等異教徒軍が攻め寄せてきた場合がそれに当たる。

（2）ムスリムが異教世界に侵略をかける時のジハード。

これは「攻撃ジハード」と呼ばれ、希望する者だけが同行する自主参加型になっていた。俗にアラブの大遠征と呼ばれるジハードがこれに当たる。

ところが、近年、これに「内なるジハード」とも呼ばれるムスリム同胞へのジハードが加えられることになる。

これはまず、反イスラームとみなされた為政者に対して発動された。具体的な例を挙げれば、イスラエルとの平和協定を結んだサダト元エジプト大統領へのジハードである。

協定に激しく反発した原理主義者（ジハード団）がサダトの行為をイスラームへの裏切りだと断定し、タクフィール規定（不信心者規定）を適用したのだ。

前述した通り、タクフィール規定とはイスラームから背教した場合に下される裁定で、イスラーム法では死罪であった。

しかし、これは、ムスリムを自認している者（この場合はサダト）に適用されることはほとんどなかった。たとえ、その為政者がいかに反イスラーム的であったとしても。

ところが、これを当てはめたところに、イスラーム原理主義の苛烈さがある。この理論を創ったのはサイイド・クトゥブというエジプト・ムスリム同胞団のイデオローグ（思想家）で、現在の原理主義は皆彼の思想的影響下に置かれている。

これが、「タクフィール・ル・ハーキミーン（為政者に対する不信心者規定）」と呼ばれるもので、この瞬間ムスリムがムスリムにジハードを宣言する根拠が生まれた。今に見られるイスラーム政界の混乱は、このタクフィール・ル・ハーキミーンに依っている。

しかし、事態はこれだけで済まなかった。さらに厳しい「内なるジハード」が誕生してきた。それが「タクフィール・ル・ジュンフール（大衆へのタクフィール）」である。

これにつき、彼ら（イスラーム原理主義者）はこう言い切った。

「不義を見過ごす大衆も反イスラーム的存在だ。よって不信心者に変わりはない。彼らにもジハードだ！」と。

かくして、内なるジハードは大衆も巻き込んだものとなり、1990年代のアルジェリアでは毎年1万人の同国人が殺戮され、全土が内乱状態に陥った。

そして、米同時多発テロ。

これを実行したアル・カーイダは、従来のジハード観を根底から覆す解釈変更を行った。先の攻撃ジハードを「自主参加型」から「全ムスリムの宗教義務」へと変更したのだ。

ビン・ラーディンはそれを次のように言っている。

「アメリカとその同盟国の国民を軍民問わず殺戮すること。これは全ムスリムの義務である」と。

ここに、「内に向けては大衆に、外に向けては全ムスリムがジハード参加の義務を負う聖戦至上主義」が成立した。

今アメリカが戦っているイスラーム主義者とは、このようなジハード観を持った者たちなのである。

12. イスラーム過激派の殺しの論理

前述した通り、イスラーム国は当初から誘拐ビジネスを事としていた。その標的も多岐にわたり、金になるなら誰でもいいという態度である。「人質を取って金を取れ、それが駄目なら殺してしまえ」と。とりわけ、地元アラブの人質には、そのような態度で接していた。

一方の外国人の人質には、政治的要求を突き付けることもあり、前に述べた香田さんを殺した時には、最初金目当てであったのが自衛隊のイラク撤退に変化して、それを断られると同時に殺害した。

ここまでは、どの国でもどの地域でも、さして変わりはないのだが、それをイスラーム(の論理)と絡めるところに彼らの特徴が存在する。

一般に、人は何をするにも何らかの理屈をこねる。とりわけ、人を殺す場合等はそうである。しかも、それが単なる金儲けだけであると、やはり正当性に陰りが出るため、どこかで高尚な理屈が要る。それをイスラーム的表現(大義)でカバーするのだ。

では、それはどのようなものなのか?

それは、彼らのターム（術語）を見ればだいたい分かる。まずは、それを、ザルカウィーの創った組織が「タウヒード・ジハード団」と名乗っていたことから見てみよう。

このタウヒードが曲者なのだ。これは、アラビア語で「神の唯一性」を表すものだが、これを名乗った過激派はほぼ例外なく異端撲滅に邁進する。具体的にはシーア派狩りだ。それは、タウヒードを名乗る組織に一貫しており、シーア派を皮切りに、異宗・異端をことごとく撲滅しようと試みる。彼らが、マリキ政権（イラクのシーア派政権）の戦争捕虜を大量に虐殺したのは当然の帰結なのだ。

もう一つ、ザルカウィーが残した負の遺産が存在する。

それは、彼がヨルダン王室を倒そうとして獄舎につながれたことにある。

これがイスラーム国の幼児体験（原トラウマ）を形成し、ヨルダン王室への敵対に拍車をかけることになる。しかも、ヨルダン王室は、アメリカ主導の有志連合に参加してイスラーム国に敵対している。これはイスラームへの許しがたい裏切りで、妥協の余地はまったくない。彼らは、ヨルダン王室にタクフィール・ル・ハーキミーン（為政者への背教規定）をかけ、ジハードを戦っているのである。ヨルダン王室がイスラーム国に空爆している現実はそのことの決定的証拠とされよう。彼らが、ヨルダン領内でテロ行為を行うのはこうしたことへの正当な報復なのだ。

では、王室ではなく、個人の場合はどうであろうか。果たして、同じスンニー派のムスリムを殺害するのはどのような理由に依っているのか。これには、さまざまな理由が考えられるが、最終的には背教規定（タクフィール規定）をかけて殺している。つまり、当該個人はイスラームを裏切った故に背教者と認定され、その殺害が正当化されるはずだ。彼らがスンニー派のムスリムを殺害する場合には、必ずこの論理を使っており、したがって、イスラーム国に拘束されたヨルダン人パイロット・ムアーズ中尉を殺す際にも同様の論理が適用されたはずである。この場合問題なのは、彼を火あぶりにしたことでタムシール（身体損傷）をかけたことである。これはイスラームでは重大な法的違反で、それをあえてやったことでヨルダン世論は激昂し、それに対するディア（血の復讐）を発動したのだ。そうしなければ、ワジュラ（面子）が保てないからである。これがムアーズ中尉の殺害とその報復の論理である。

次に、湯川さん、後藤さんの場合はどうか？　それには最初の殺害予告をした時のステートメントを見てみるのが最もいい。

そこでは、「日本国の十字軍への参加」と「イスラームの家の破壊」を殺害予告の根拠としている。まず、前者の十字軍だが、このレッテルが貼られた時には、その個人・組織・国家は、絶対的な敵となる。これは無条件で、修正の余地はない。したがって、この時彼らは日本国に明確な戦争宣言をしたと言えよう。その十字軍がイスラームの家（ダール・ル・イスラーム）を破壊しにきたのである。これは、前項でも述べたように、明確なジハードの対象となる。しかも、老若男女全員の義務（ファルド）としてのジハードである。武器を携帯してイスラーム国に拘束された湯川さんはおそらくこれに該当し、その殺害は免れない状況にあったと言える。

問題は後藤さんだが、これには少し困ったようだ。少なくとも、殺害を正当化する十分な理由は見当たらない。香田さんを殺した時のように、自衛隊がイラクに駐屯していた事実もないため、その撤退を求めることも不可能だった。こうした場合は、殺害の論拠をイスラーム的表現ではなしえない。事実、彼らは、欧米人の殺害時に見られるような処刑理由を出していない。

だから、本当のところは、フランス人ジャーナリストと同様に身代金の受け渡しで収めたかったのではないか。ところがそれが成立せず、途中からはヨルダン政府も絡んでき、殺害予告もした手前殺すはめになったのではないか。したがって、この殺害は、単なる誘拐殺人になるほかない。とすれば、事このことに関しては、大々的に殺害予告をした割には、その事由を説明できず失敗に終わったと言えるであろう。

以上が、イスラーム国に見られる殺害状況の概要だが、その他の過激派もこれと似たり寄ったりで、自分たちの恣意を正当化するためにイスラーム法を利用している。と同時に、イスラーム法はイスラーム法で、戦時法的なところがあるため、それに拍車をかけている。

これが殺戮の大地の殺戮の論理である。

13. なぜ弱小のイスラーム組織が強大なアメリカと戦えるのか

しかし、ここで一つの疑問が湧いてくる。

それは、なぜ弱小のイスラーム組織があれだけ強大なアメリカと渡り合えるのかという疑問である。

初めに結論めいたことから言えば、その答えはイスラームの組織性に依っている。

実は、イスラーム組織はどれもこれもネットワーク型（イスラーム国は少々例外）のもので、共産主義やカトリックに見られるようなヒエラルヒー（ピラミッド組織）は持っていない。

信者になるには「私こと何の何某は、アッラー（神）とマラーイカ（天使）とクトゥブ（天啓の書）とルスル（預言者）とアーヒラ（あの世）とカダル（運命）を信じる」と宣言すればそれでよく、その間1分もかからない（ただし、ムスリムをやめる場合は死刑になるのでお気を付けを）。しかも、キリスト教の場合のように、信者になったからといって、どの教会のどの教区に属するかなど一切ない。ただ、イスラーム共同体（ウンマ・イスラミーヤ）の一員になったという事実が残るだけだ。

この事実が、イスラーム世界のパスポート役を果たしてゆく。具体的には、どのようなフロンティア（辺境地区）に行っても、「同胞が来た」ともてなされ、旅の安全が保障される。

というわけで、いったんムスリムになった者は、イスラーム世界をきわめて自由に行き来でき、気に入った地があればどこでも定着していった。加えて、どの地域でもほぼ同一の法体系（イスラーム法）で裁かれるため、安心して暮らしてゆけた。

このようなシステムは商業活動に向いており、事実この地の帝国は例外なく商業帝国になっている。

こうした社会システムは、イスラームの組織原理を規定しており、例えばアル・カーイダ等過激派組織にも顕著に見られる。

アル・カーイダは、強力なヒエラルヒーを持つ組織ではない。そもそも、ビン・ラーディンとバイアを交わした者といっても、数百人程度のものであろう。

バイアとは、その指導者に服従の意を示す忠誠の儀式であるが、それが個人的関係にとどまる限り組織の大きさには限度があり、大規模なヒエラルヒーにはなりえない。また、アル・カーイダは他の原理主義組織とも統一戦線を作っているが、それも緩やかな連合体の域を出ていない。要するに、コミンテルン（共産主義インターナショナル）に見られるようなピラミッド組織ではないのである。

コミンテルンは、戦略・戦術レベルまでモスクワが勝手に決めるトップダウン方式を採っていたが、このシステムはイスラームの文化に合わないため、採用したくてもできないのだ。

こうして見ると、対米戦を戦うにはあまりに組織が貧弱で、その要員も少ないと思いがちだが、そうではない。実は、アル・カーイダの背後には千万単位の支援者が網の目状のネットワークを形成している。このネットワークを支える者こそ、イスラームに目覚めた原理主義者で、イスラーム世界全域に及んでいる。

彼らは国境を超えている。民族も階級も超えている。おまけに中央の統制がないために思い切り跳ねあがる。そのため、戦いも延々と続いてゆき、いつ終わるのか分からない。敗北を認めようにも、それを宣言する組織的主体がないからだ。

これは実にやっかいな状況で、組織的主体がはっきりし、それと戦う場合には、その中枢を叩いたり脅したり取引したりできるのだが、それがない場合には手の打ちようがないのである。

これがアメリカを手こずらせる最大の要因になっている。イスラーム世界に内在するネットワークが次から次へと新手の過激派を繰り出して、テロ戦争に参加しているのである。

今われわれが眼にしているテロ戦争は、まったく違ったシステムを持つ文明間衝突と考えられる。

14. イスラーム原理主義を撃退する方法（その二）～女性の地位を向上させる

以上、イスラーム原理主義の実像を追ってみた。その勢力は世界に及び、アメリカがテロ戦争に、ヨーロッパがイスラーム問題に、ロシアがチェチェン戦争に、中国がウイグル独立運動に、インドがカシミール問題（対パキスタン問題）に、イスラエルがパレスチナ紛争に、エチオピアがソマリア出兵にと対イスラーム問題に振り回されている。

では、これをどう収めればいいのであろう。

これは、はなはだ難しい問題だが、解決法がないわけではない。

例えば、イスラーム世界の女性に対する高等教育の実施がある。これは、フランスの人口学者（エマニュエル・トッド）の提言だが、私もそれに同意する。イスラーム原理主義（というよりかイスラームそれ自身も）の最大の弱点が女性問題にあるからだ。

これは、少しでもイスラームに接した者なら分かることだが、この社会は過剰な父系社会となっている。そのため女性は、社会の表舞台から締め出され、政治的経済的な決定から排除されたままである。これがあるから、社会が片肺飛行になってしまい、極端なマッチョ思考がはびこるのだ。事実、イスラーム原理主義の中における女性の地位はきわめて低い。「女などに何ができるか」という態度がありありと見てとれる。したがって、自爆テロでも女性が選ばれることは非常に少ない（ボコ・ハラムやチェチェンなど例外はむろんあるが）。女性に殉教の栄誉など与えてたまるか、といった態度だ。

ということは、「女性の地位が高まれば、イスラーム原理主義の社会的根拠は失われる」ということだ。それを直感的に知っているのであろう。イスラーム原理主義はいずれも女性教育に否定的だ。アフガンでもサウジでもイランでも、イスラーム原理主義が政権を握った国は、すべからく女性抑圧的になる。「女性が社会に進出すれば、男に反抗的になり、家庭を省みなくなり、性的不始末を頻発させ、一族の名誉を失わせ、ついには社会的混乱をまき散らすことになる」と固く思い込んでいる。アルジェリアの革命家ムールード・フェラウンに至っては、この観念を「アラブは女性の膣に名誉を埋め込んでいる」とまで言っている。

ここまでくれば明らかである。彼らの力を削ごうと思えば、女性の社会的進出が不可避となる。そして、それを実現するには、女性の高等教育がぜひとも必要になるのである。そもそも、高等教育を受けた女性は、総じて晩婚になり、あるいは結婚を回避する。とりわけ、イスラーム世界ではそれが顕著になるであろう。この世界では、結婚が社会的墓場になることが多いからだ。

その結果、少子化が進行し、人口圧が減少し、社会の安定がもたらされることになる。

「これがイスラーム原理主義抑制の切り札になる」というのが中長期的に見た社会的処方箋だ。したがって、先進国の開発援助もその線に沿って行われるのが妥当であろう。

今アメリカはテロ戦争を宣言し、しゃにむにイスラーム原理主義の抑え込みを図っているが、それには明らかな限度がある。というよりか、圧力を強めれば強めるほど、原理主義のマッチョ思想と合致して、彼らの勢力拡大に一役買うことにもなりかねない。

それが分かっていながらできないのは、アメリカにも過度のマッチョ思想があるからだが、これが思想的盲点となり長期的な対策が棚上げになっている。

イスラーム原理主義抑制には女性の地位向上（高等教育）が必須の条件なのである。

15. イスラーム原理主義を撃退する方法（その二）～神秘主義の網の目状組織を復活させる

さて、どのような思想潮流にも天敵とも言うべき集団が存在する。むろん、イスラーム原理主義にも存在する。

それがスーフィズム（イスラーム神秘主義）である。

このスーフィズムは神への畏敬を基調とする禁欲主義から出発するが、やがて神への愛に転じてゆき、ついには神との合一に到達する。

その瞬間、スーフィー（神秘主義者）は歓喜のあまりこう述べたと言われている。

「我に称えあれ（スブハーニー）」と。

「神に称えあれ（スブハーナッラー）」ではない。「我に称えあれ」と言ったのだ。

スーフィズムとは、このような神人関係を目指す宗教神秘主義なのである。

だが、これだけのことであれば、どのような社会にも存在する神秘主義の一つだが、それが徒党（タリーカ）を組んだことでより大きな影響が生まれてきた。すなわち、イスラーム世界に網の目状の組織を作ったタリーカは、商業活動を通じて広まり、種々の奇蹟や現世利益で圧倒的人気を博してゆく。これがどれほど強力であったかは、ヨーロッパ帝国主義の侵略に最後まで抵抗したのがタリーカだったことからもうかがえよう。

ところが、近代も深まる頃、その力に陰りが出てくる。タリーカの持つ前時代的体質（迷信的体質）が時代と合わなくなったからだ。その間隙をぬって現れた勢力こそイスラーム原理主義であった。彼らはタリーカをイスラーム曲解のシンボルと考えた。そして徹底的に批判した。

その結果、イスラーム社会の表舞台から追い出すことに成功するが、大衆レベルでのタリーカは根強かった。そのため、事あるごとに対立し、犬猿の仲になっている。

それだけでもイスラーム原理主義の抑制に役立つわけだが、加えてこのタリーカは異文化との親和性が強いのだ。かつて中央アジアや中近東、さらにはインド亜大陸へイスラームが広まったのはみなタリーカの功績なのだ。その伝統は今にまで生きており、アメリカに上陸したタリーカはまったく問題を起こすことなく、ごくごく自然にアメリカ社会に適応している。逆に言えば、タリーカが潰れた場合は非常に危ないということだ。

例えば、アフガンがそうだった。ソビエトの侵攻で伝統社会が消滅したアフガンはタリーカも消滅し、その精神的空洞にイスラーム原理主義が雪崩れ込んできたのである。

その結果、タリバーン政権に見られるような、より攻撃的で狂暴な宗教原理主義が出現し、アフガンは塗炭の苦しみを味わうことになってゆく。

それもこれもタリーカが霧散して、イスラーム原理主義を内から牽制・抑制する制御因子がなくなってしまったからだ。

これから見ても、イスラームと他文明との衝突を回避するには、タリーカの存在が不可欠であることがよく分かる。

近年、文明間対話が必要だと指摘されるが、それにはイスラーム世界の安定要素たるイスラーム神秘主義との協力がぜひとも必要なのである。

メッカ巡礼をするムスリムたち
写真：ロイター／アフロ

II

イスラームの風景

16.「宗教」即「法律」の世界

私がサウジアラビアに留学していた頃である。

朝から晩まで礼拝、礼拝と迫られる毎日（イスラームでは日に5回の礼拝がある）に辟易とする思いであった。何せ、早朝の黎明から拡声器付きのアザーン（礼拝への誘い）が唸るように流されてくる。

アッラーフ・アクバル（神は偉大なり）

アッラーフ・アクバル（神は偉大なり）

という甲高い声が聞こえればもういけない。町じゅうのミナレ（モスクの尖塔）から競うように流れてくるため、おちおち寝ていられない。

一人たりとも残らず叩き起こしてやる！――そんな調子で怒鳴っている。

おまけに、起きたら起きたで、イスラーム法（シャリーア）の支配を受ける。

われわれは、通常、法を刑法民法に限定するが、イスラーム法は人の行う全ての行為を法の対象にするために（この法概念を近代法と区別して「律法」と呼ぶ）、それこそ一挙手一投足まで干渉してくる。

これはうるさい。とりわけ、慣れない時は、どうしようもなく小うるさい。

「これはハラーム（宗教的禁忌）だ。やってはいけない」

「これもハラームだ。今後とも慎むように！」

とあらゆることに介入してくる。

こうなると、何をするにも遠慮がちになってしまう。亀が首をすくめるように、辺りをうかがい自粛する。

私はここまで人の主体性がない社会を見たことがない。まるで、神に押しつぶされたような暮らしである。

何と窮屈な社会であるか！

私は正直呆れ返った。そして思った。

「連中はこんな窮屈な教えと暮らしに満足しているのか」と。

だが、それに対する彼らの答えもふるっていた。

「これは異なこと」という顔をして、次のように述べ立てた。

「宗教とは何よりも法であり、それ故イスラームの核心とはシャリーアを守ることに存在する」と。

一瞬、耳を疑った。なぜなら、そこには、私が思ういかなる宗教的イメージも皆無であったからである。

ちなみに、これを知った日本人は、おおよそ次のような印象を持ったようだ。

「何だって？　宗教が法律だって？

法を守ることが篤信的行為だって？

だったら、心の問題はどうなるんだ？

宗教とは心を癒やし、その不安を取り除くものではなかったか？

それを何か、よりにもよって宗教が法律とは！

いったい彼らは信仰をどのように思っているのか？」

もっともな意見である。日本人がイスラームに出会ったなら、まずこのようになるであろう。特に、ワッハーブ宗（サウジアラビアの国教）のような原理主義に出会った場合は。

実際、サウジを訪れた日本人は、おしなべて強い文化ショックに見舞われる。ひどい場合はノイローゼになってしまい、早ばやとサウジから退散する。

無理もない。ここには、日本人が好むものは何一つない。酒場もない。娯楽もない。ヤクザさえ棲息しない。無い無いづくしで何もない。

サウジは日本人にとって鬼門なのだ。

17. 神に見られるのを怖がる人々

だが、当地に居住する者は、この環境に慣れねばならない。何はともあれ適応することが強いられる。商社マンの梶さん（仮名）もその一人で、非常な戸惑いを覚えながらも、この地に長く暮らしてきた。

だがそれは、ぼやきと我慢の連続だった。礼拝が始まると、一斉に店が閉まった。それがもとで商談に水が入り、まとまらなかったこともある。タバコを吸って、宗教警察からはたき落とされたこともある。写真を撮ってカメラを召し上げられたこともある。

日本から来た上司をもてなすのにも往生した。女性はいない。酒はない。しょうがないので、闇で買ったウイスキーでもてなしたが、召使いに密告されはしないかとひやひやだった。おまけに、飲み干した空瓶は砂漠に捨てなければならなかった。車で郊外に捨てに行くと、先人が捨てた空瓶が至る所に散乱していた。なぜかひどく虚しくなった。

しかし、それだけならまだしもよかった。

昔はそれこそビザ一つ取るのも大変だった。近隣アラブのサウジ大使館に日参し、炎天下で立ち尽くさなければならなかった。ひどい時にはいくら経っても長蛇の列が解消されない。長い立ちん坊を続けた末、ほんのわずかなほころびが垣間見える程度である。

この地の日射しは耐えがたい。それは、人を殴りつける。アラビア語でも日射病を「ダラバッシャムス（太陽の一撃）」と表現する。そう、ここでは、太陽は人を殴るのだ。

その中を延々と待ち続ける。絶え間ない足踏みを続けながら、いつ果てることもない列の中で耐え忍ぶ。

「こんなところでいったい何をしているのか」

必然的に自問が起こる。

「こんなことをして何になる」

ひっきりなしに不安と腹立たしさが湧き上がる。

それでもビザを取れればいい。ある時など、後一歩というところで、ぱたんと門扉が閉じられた。「今日の業務はこれにてお終い！」というわけだ。

へなへなと座り込む梶さんに声がかかった。「マーレーシュ、ヤー・アヒー、ブクラ、インシャーラー（気にするな、兄弟よ、また明日だ、もし神がお望みであるならば！）」

言い返す気力も湧かなかった。とぼとぼ引き揚げる自分の姿がみじめであった。それが、翌日も続いてゆく。

そうした体験がよほど記憶にあるのだろう。当時の記憶を繰り返し回想する梶さんだったが、中でも印象に残ったのがラマダーン（断食）月の経験だった。砂漠へ同行したベドウィンが、激しい渇きに苦しみながらも一滴の水も飲まなかったのである。

見かねた梶さんが、「誰も見ていないのだから、一杯くらい飲んだらどうか。むろん、誰にも話さないから」と水筒を差し出しても頑として受け付けない。

「それにしても、あの我慢には驚きますなあ。なんであんなまねができるのか未だによく分かりません」

感嘆しきりの梶さんだったが、彼が水を飲まなかった理由ははっきりしている。

それは、神への恐怖のせいだ。つまり、このベドウィンは、断食中の飲食を人に知られるのが怖いのではなく、神に見られるのが怖かったのだ。これは、一神教徒におしなべて見られる傾向だが、それがさらに高じると、信じられない事態となる。

例えば、エルサレム攻城戦で戦うことなく敗れ去ったユダヤ人の例がある。あの時、ローマの将軍ポンペイウスは「休息日の総攻撃」を行った。ある者が攻城に手こずるポンペイウスに密かに伝えたからである。「ユダヤ人は休息日には戦わない」と。「そんな馬鹿な！」とポンペイウスは思ったろうが、それでも試しにやってみると、何とそれが成功したのだ。彼らは城壁に取り付いて登ってくるローマ兵をただ黙って見つめていた。城壁を乗り越えて迫ってきても、なお座したまま動かなかった。

何とも言いようもない光景だ。自分を殺そうと這い上がってくる敵兵をじっと見つめているという精神を何と表現すればいいのだろう。しかも、それを全員がやったというのだ。

むろん、エルサレムはその日一日で陥落した。

その後、「これではあまりにひどい」というので、休息日の不戦規定は変えられるが、それでもまだダメであった。それを見て取った敵軍は、今度は休息日を利用してあからさまな戦闘準備をやり始めた。ユダヤ人はそれを手をこまねいて見ていなければならなかった。それもこれも、休息日を破ることが神の法に抵触し、それがとてつもなく怖いからだ。

一神教徒（この場合はユダヤ人）は、神の目をこれほどまでに恐れている。

18. 一人の回々(中国人ムスリム)は回々ではない

この感覚は、ちょうどわれわれと反対で、日本人は、自らの恥ずべき行為が世間に知れ渡るのを怖がるが、ムスリム（イスラーム教徒＝回教徒）は神に知られるのを怖がるのだ。これを精神分析家の岸田秀氏は対人恐怖と対神恐怖と名付けている。

したがって、両者の恐怖感覚がちょうど逆さまにできており、そのため相手の立場をまるで分からず、自分の怖がる対象を相手が少しも怖がらないため、えらく強い人間に見えてしまう。あるいは、自分が怖がらない対象を相手が異常に怖がるため、臆病なものに見えてしまう。

この現象を最もよく示した例が中国にあるので紹介しよう。中国人（非ムスリム）がムスリムをからかった皮肉である。

曰く。

「三人の回々（中国人ムスリム）は回々である。
二人の回々も回々である。
だが、一人の回々は回々ではない」

そうなのである。中国であれ日本であれ、対人恐怖の社会では、このようになるのである。それは、中国人や日本人がムスリムとなっても変わらない。彼らはムスリムとなりながらも、その実対人恐怖の徒であり続けた。

ということは、対人恐怖の日本人ムスリムが、対神恐怖のアラブ・ムスリムと同席すれば、典型的な二重規範（ダブルスタンダード）を取ることになってしまう。

例えば、パーティーの席上がそうである。そこではまず、アラブ・ムスリムが出席する交歓会でアルコール抜きの料理が出され、次いで彼らが退席するや、瞬時に大酒盛りが開始される。

何せ、その時を今か今かと待ち構えていた（日本人ムスリムの）面々である。それこそ、待ってましたと酒瓶が開けられる。やがて、ほどよく酒が回ったところで隠されていた本音が出てくる。

「酒ほどうまいものはない。それが飲めんとは、人生の楽しみが半減する！」と。

ざっとこんなものである。対人恐怖の住人は、恐れる相手がいなくなるや、このようになるのである。

実は、外国人ムスリムにも飲兵衛は大勢いるが、それでもどこかで神を意識し、ついつい制御がかかってしまう。それが証拠に、飲むほどに悪酔いし、絡んだり泣いたりわめいたりと忙しいことこの上ない。要するに、悪いと知りながら飲んでいるため、いい酒が飲めないのだ（逆に言えば、いい酒が飲めるのはきわめていい加減なムスリムだということだ）。

彼らに、ほろ酔いながら情緒を楽しむセンスは、ない。ましてや、それを女性とともにしっとり楽しむ風情はない。

したがって、日本文化の在り様《よう》を伝えるのは難しい。欲望の制御と解放が微妙に入り交じる感覚は、どうにも伝えようがないからだ。

日本の伝統からすれば、一つの流し目、一つの物腰を感得する精神を「粋」と呼び、その対極を「無粋」と呼ぶが、それを会得するまでには長年の修練が必要なのだ。逆に言えば、もしそれを理解するアラブ・ムスリムがいたとするなら、これはもう「よくぞ日本を理解した」ということで大歓迎されるであろう。と同時に、それは彼が日本人（対人恐怖の人間）になったことを示しており、もはやムスリム（対神恐怖の人間）ではなくなったことを意味している。

私は、両者の違いにめくるめくような思いを持った。

19. 彼らは女性問題と食物規定で蜂起した

こうした正反対の状態は、むろん日常の飲食にも当てはまる。厳格な食物規定で育てられた彼らにとり、飲食とは合法（ハラール）か非合法（ハラーム）のいずれしかなく、その中間項がないのである。

したがって、初体験の料理（例えば刺身）が出された場合、非常な困惑に直面する。まず、「これはハラールであろうか、ハラームであろうか」との思いが募り、次いでそれが高じると、せっかくの料理をまったく無視し、別メニューを注文し、一人黙々と食べる所行に及んでくる。

まことに気まずい限りである。

だが、笑うことなかれ。これがイスラーム篤信者の生態で、それがいったんこじれると大変な状況を生み出すことになってゆく。

一例を挙げてみよう。

時はイスラーム暦１４００年元旦（西暦１９７９年11月20日）、場所はメッカのマスジド・アル・ハラーム（聖モスク）。

この日、数百名の集団が武装蜂起し、いきなりマスジド・アル・ハラームを占拠した。彼らは、棺に隠し持った武器を取り出すと、たまたまそこに居合わせた巡礼者を楯に取り、2週間にわたり鎮圧部隊と矛を交えた。これ以後、イスラームの最も神聖な聖域が流血で汚されることになる。

しかし、私が驚いたのはそのことではない。それは彼らが要求した幾つかの内容に存在した。まず、武装集団は、テレビやラジオの放送禁止を求めていた。女性の教育や労働にもきわめて否定的だった。加えて、冷凍肉やチーズについても輸入禁止を強く求めた。すなわち彼らは、「女性問題の法的規制と食物規定の遵守を求め、武装蜂起した」のである。

これは驚くべきことであった。なぜ、たかだか女性と食い物の扱いで蜂起しなければならないのか、まったくもって理解に苦しむ。

むろん、彼らとて、それだけのことで蜂起したのではない。当時のサウード家は、膨大な石油利権を背景に贅の限りを尽くしていた。貧者を踏みつけ、賄賂をかすめ、ありとあらゆる社会規範を公然と破ってきた。おまけに、蜂起したオタイバ族はサウード家から軍事征服の憂き目を見、長年冷や飯を喰わされてきた。蜂起したくなる気は十分分かる。にもかかわらず、その武装蜂起に女性や食い物が語られることに強い奇異を感じるのだ。

私はこの時、たびたび言い争ってきた原理主義者の言葉を想い出した。

「お前はイスラームを分かっていない。食物に対するシャリーア（イスラーム法）規定がいかに重要なことであるかを。また女性に対する解釈が場合によっては反体制になることを。

われわれはこれらを語ることにより、実は石油の問題やイスラーム革命の在り方を語ろうとしているのだ」

一見不思議な論理であったが、考えてみると正論だった。聖俗一致が原則のイスラームではこのような結果になるのである。

「ああ、これがイスラームというものだな」

と私は改めて思い知った。

そして、この思いが現実になったものこそ、マスジド・アル・ハラームの占拠事件であったのだ。

私はあらゆる問題が宗教とリンクするイスラームの不思議さに思い至った。それは、イスラーム法（宗教法）が下部構造を形成し、その上にありとあらゆる問題がそびえ立つ壮大な社会システムであったのだ。

20. ムスリムとは、内に神を激しく恐れ、外にイスラーム法を守る者

だが、宗教法がクリアーできても、まだ問題は残っていた。ずばり、互いの文化的嗜好が違うからだ。

総じて言えば、彼らは派手で豪華なものを好む。アラブの男は、こてこてに塗りたくった厚化粧の女人を好む。薄化粧で、そこはかとない美人は好まれないのだ。

が、生憎日本はそれと対極のものを好む。秀吉の愛した黄金の茶室は利休の簡素に打ち勝てなかった。

というわけで、彼らの世界に灰色の領域を楽しむセンスはまるでない。それもこれも（つまり、男女関係も食文化も）、揺れ動く情緒や風情を楽しむセンスが形成されなかったことによる。

その最たる者がイスラーム原理主義者である。

ある時彼らの一人が言った。

「日本の男女関係や食物規定はいかなる律法に定められているのか」と。

何でも彼は、夏休みを利用して日本を訪れたということだったが、その時感じた思いの

丈を素直に口にしたのだろう。が、聞かれた私も啞然とした。そのような問いがなされるとは予想だにしなかったからである。

だから思った。

「何という珍妙なことを聞くのか」と。

それでも、「日本では左様な律法など一切なく、長い伝統に基づいた慣習によって決められる」と述べてみたが、さっぱり埒があかなかった。

「しかし、日本の神々が命ずるものはあるだろう。その規準が知りたいのだ」

とさらにしつこく聞いてくる。

むろん、それに答える術は、ない。

多神教の日本にあっては、唯一神が規定した画一法などどこにも存在しないからだ。

かくして、すれ違いのわれわれだったが、彼が最もこだわったのは「日本人が神をすげ替え可能」としていたことだ。

「えっ！　何だって？　人が神を首にできるだって？　首にした神の代わりに別の神を迎えることができるだって？

何という不遜な民だ。そのようなことをした場合の神の怒りを感じないのか。そもそも、今この瞬間にも神に見られているという恐れはないのか」と。

その後彼は、「日本では死ねば皆神（仏）になる」とする教えに驚き、「偉人や怨霊が本尊として祭られる」とする思想にあきれ果て、ついには生き神が横行する現状に嘆息するばかりであった。

「神に許しあれ！　何と多神教徒（ムスタシュリキーン）とは恐れ多い者たちなのだ！」

これが、彼の最後の言葉だ。

ちなみに、この感想は彼の立場からすれば一応、正しい。

いついかなる場合でも、全知全能の神が見つめている！——この感覚が常に彼らに張り付いて、縮み上がるような戦慄を誘うのだ。だからこそ、あれだけの渇きの中でも水を飲むのを自制するのだ。前述した通りである。

それについては、イスラームの賢者も言っている。

「もし、神への恐れがないならば、全ての信仰は失われる」と。

何やらドストエフスキーの言葉に似ているが、彼らの言い分とすれば、これでよかろう。

つまり彼らの信仰とは、

（1）内に神を激しく恐れ、

（2）外にイスラーム法を守ること

なのである。

それ故、イスラームの宗教者（イスラームに宗教者はいないので、その機能代替を果たす者の意）とは、「コーランを六法全書として持ち歩く法律家（ウラマー）」を指している。

これは、不思議な世界である。何せ「聖典が六法全書」で、「宗教家が法律家」なのだから。彼らは、われわれ日本人から最も遠くにいる人々なのだ。

21. イスラーム法とはいかなるものか

だが、不思議なのは、それだけではない。

イスラームは、包括的世界観を持っているため、ウラマーは時に政治家、時に社会的調停者、危急存亡に当たっては軍事指導者にもなるのである。イスラエルが、ウラマーを狙い打ち（暗殺や誘拐）にする理由は、あげてここに存在する。それは、彼らが政治的にも軍事的にも主要な役割を果たしているからに他ならない。

それは、イエスの発言（カエサルのものはカエサルに、神のものは神のものに）をもとにして政教分離を築いていったキリスト教とは大いに異なる。ましてや、世捨て人（宗教的流人）と成り果てる仏教僧やヒンドゥー行者（サドゥー）とはまるで違う。

「イスラームでは、宗教家が政治家や軍人を兼ねるのか。面白い考えをするもんやなあ！」と知り合いの飲み友達は感嘆しきりの面持ちだったが、その思いは日本人共通のものであろう。この飲み友達、リヤードの繁華街で、たまたま出会った日本人だが、地元の者が現地人と外国人の値段の差を付けるのに心底腹を立てていた。しかもそれを、当人の眼前でやったというのだ。

「お前、何だ、この値段は！　目の前の客（現地の知人・友人）にはべらぼうに安い値で売っておき、俺の方には倍以上の値をふっかけるとは、いったいどういう了見だ」とものすごい剣幕である。

ところが、言われた店屋のオヤジの方は、まことに涼しい顔をしている。

「ワッラーヒ（神に誓って）、これは正当な値段である。俺のやっていることはまったくのハラール（合法）だ」

その後、両者はすったもんだの激論を交わしたらしいが、そこに通りかかったのが私であった。私は言った。

「なるほど、君の怒るのはよく分かる。だが、もしその反対だったらどうなるか一度よく考えてくれ。同じ値段で売ったなら、今度は現地人が絶対に承服しない！　その時は、このオッサンの立つ瀬がない」

そこで今度は、三者の間のすったもんだが始まったが、要するに私が言いたかったのはこうである。「当地の価格は一物一価制（定価制）を取っておらず、共同体の内と外では値が違うのは当たり前であり、それがこの地の常識だ」と。

例を挙げれば、赤の他人には法外な値で、知人には少し安く、友人にはさらに安く、肉親にはただ同然の値で売ることは、不道徳でも何でもない。いや、身銭を切っても知人肉親に奉仕する——これぞ見上げたアラブの商人道ではないか。それを差別と言うならば、ここは差別だらけの世界である。サウジでトラブルを起こしても、相手がムスリムか否かで目も眩むほどの格差がある。例えば交通事故を起こした場合、被害者が異教徒かムスリムかで1千倍ほど格差がある。1千倍、である。しかも、それはイスラーム法が合法と認めるところなのだ。それもこれも、イスラーム法がゲマインデ（閉鎖共同体）化された社会規範を認めているからであり、こうなれば格差が出るのもやむをえまい。また、そうでなければ、ムスリムの方がおさまらない。

で、それを縷々説明し、何とか納得してもらった次第である。

「だけど、やっぱり腑に落ちん。それだと神が不公正を奨励しているようなものではないか」と憤懣やるかたない彼であったが、これまた大きな誤解がある。

神（アッラー）が公正を強調するのは、ムスリムに対してだけであり、異教徒には不公平が当たり前なのである。この点を見誤るから、こうした不満が出るのである。

それを言うと、彼は断固言い放った。

「そんな教えなど淫祀邪教だ。そんな神は即座に首にしてしまえ。神は断固、公正・誠実でなければならない」

その気持ちはよく分かる。だが、待ってもらいたい。もしそのような言葉を吐けば、この世界ではただでは済むまい。まかり間違えば、頸動脈を切り裂かれる。神の否定は死罪だからだ。それでいいのか。

ここまで来て、すこしは実情が分かったのか、おとなしくなった飲兵衛氏だったが、本当に分かったかと言えば、そうではなかろう。

繰り返すが、日本には、人の一挙手一投足を射すくめるように見つめる神はいない。その神命（法）をしゃにむに守ろうとする信仰心も、宗教家や法律家や軍人を兼務するセンスもない。ましてや、神が不公平を認めることは納得できない（イスラーム法は異教徒への差別を合法とする）。

まだある。日本人にはコーランが今一つすっきりこない。何というか、変な教えと変な神と付き合っているような気分になる。そもそも、イスラームの教えを聞いていてもありがた味が少しも湧かない。

コーランはアッラーの存在を「勘定高い神におわします」と褒め称えるが、これは日本人にはありがたいことでも何でもない。

また神は、「信仰は神への貸付だ」と盛んに述べるが、これなども神が金融業者になった気になり、もったいなくも何もない。

だいたい、コーランに頻発する商業用語は、日本人の信仰心に響かない。恐れ多さにもまったく欠ける。というわけで、イスラームには強い違和感が残るのだ。

ちなみに、イスラーム法の形成過程は次のようになっている。

（1）まず、コーランに書かれてある事項は、そのまま法的な規定となる。これはコーランが神の言葉である限り当然のことであり、無条件で守るべきイスラーム法（シャリーア）の基礎となる。

（2）次に、コーランにない事項は、ムハンマドの言動で決められる。具体的には、ムハンマドの言動・命令・黙認等を基本とする。

ちなみに、これはスンナ（ムハンマドの慣行）と呼ばれ、コーランに次ぐ法源とされている。

このスンナを記したのがハディース（ムハンマドの言行録）で、コーランに次ぐ第二法源となっている。

（3）だが、ここで、問題が起きてきた。コーランもスンナもムハンマドが生きた六〜七世紀のアラビア半島という限定がある以上、そこに書かれてない問題が続出してきたのである。

そこで出てきたのが、イジュマーとキヤースである。

まずイジュマーとは、ある問題についての共同体の合意であるが、実質的にはウラマー（イスラーム法学者）の合意によって成立した。

これは、神や預言者の直接的な意志ではないが、それを受け継いだものとされ、法源の一つになった。「我がウンマ（共同体）は、誤りにおいて合意なし」とする見解がこ

つまり、こうだ。

（4）一方のキヤースはコーランとスンナから、その精神を類推する方法を指して言う。

当時のアラビア半島には、ウイスキーなどどこにもなかった。では、なかったからといって飲んでいいのか？

答えは、やはり否である。なぜなら、ブドウ酒が「神から心を離反するため禁じられている」ことから見て、ウイスキーも同様に禁止の対象と見なされる。

つまり「ブドウ酒の禁止」――「人心の錯乱」――「ウイスキーの禁止」というプロセスをもって法的に規定されたということだ。

イスラームはこの三段論法をギリシア哲学から拝借した。

かくして、「コーラン」――「スンナ」――「イジュマー」――「キヤース」というイスラーム法の古典的法源が完成した。

今に見るイスラームの法体系はこのようにして形成された。

22. 眼には眼を、歯には歯を

では、この神の法（シャリーア）を破った場合はどうなるか？

その時は、恐るべき神罰が下される。俗に言う「眼には眼を、歯には歯を」と呼ばれる復讐法（同害報復）がそれに当たる。

サウジを訪れる日本人が驚くのは、それが現在でも生きているという現実だ。

「処刑の現場を見ることは何とも言えないものですが、それを見ている群衆が拍手喝采をするというのは、どういう神経なんでしょう」

たまたま同席した商社マンの奥方が、そうつぶやいた。

その気持ちはよく分かる。私も見たが、戦慄をもよおすものであった。

金曜日の集団礼拝後に行われる公開処刑は、圧倒的な群衆が見つめる中で行われる。処刑が行われる広場はもとより、家々の屋上からも鈴なりの人々が身を乗り出して見つめている。私が見たのは強盗殺人犯ということだったが、判決を受けた罪人は広場中央に引き出され、ひとしきり罪状を読み上げられた後二人がかりで組み伏せられた。

半月刀を抜いた処刑人は、大仰に振りかぶりなどしなかった。突き出された首に刃を当て、次の瞬間頸動脈を切り裂いた。罪人は、ゆっくりと地上に伏し、それと同時に拍手が起こった。

横にいたサウーディーがそれを見て声を挙げた。

「神に称えあれ！　ここに神の法は守られた！」と。

シャリーアに則った殺人は合法であり義務である。だからこそ、何よりそれは実行されなければならない。群衆の拍手とはそうした義務履行への賛辞である。とりわけ、イブン・サウード（サウジアラビアの初代国王）の時代には、処刑される殺人者と手足を切断される盗人で溢れ返った。

これがどれほど苛烈に行われたかは、次の一文からもよく分かる。

「これらの部族は、容赦ない厳格さで法を実施した。重罪人、軽犯罪人は直ちにワハブ宗徒から成る軍法会議にかけられた。砂漠の原始的な生活は、長い、念の入った罰とか、裁判所とか、刑務所などには向かなかった。『そこでは血は血を呼び、認められた唯一の罪は報復であった』とヒッティは言っている。そのため罰は簡単で、早くて、厳しかった。

殺人者は首を切られた。盗人はだれでも、現行犯は右手を切られた。再犯はもう片方の手を切られた。それから右足、次には左足であった。酩酊の状態で見つけられた酔っぱらいは、八十回棒で打たれた。姦淫の罪を犯したものは体半分砂に埋められ、死ぬまで石を投げつけられた。

ジャン・ポール・ペネは語っている。ある日一人のアラブが、警官に『米袋が道ばたに落ちてた』と届けた。

『どうして米だとわかったか』と警官が聞いた。

『さわってみました』とそのアラブは答えた。

これでもいけなかった。彼は、親指一本切られた」（『砂漠の豹イブン・サウド』ブノアメシャン、河野鶴代・牟田口義郎訳）

かくして、殺人者の首は血しぶきをあげて切り裂かれ、盗人の手は切断されてぶら下げられた。サウジの大地は、たちまち斬首斬手で溢れ返った。その状況は今に至るまで変わらない。

23. 約束を守れなかったのは神のせいだ

しかし、このような神も法も、日本にはどこにもない。

むろん、日本にも荒ぶる神（荒神）は確かにおり、それはそれで怖いのだが、そうした場合は荒神除けの処方があり、必要とあらば修験者や霊能者がそれを担う。すると、荒神の力は封じられ、その祟りは無に帰する。しょせんはそんな程度である。

だから、日本人の意識の中には、どこかで神を侮る気持ちが残っており、必然的に神意はなおざりにされてゆく。そのため、しゃかりきになって法を守る精神など成り立たない。

それは日本仏教史を見ればよく分かろう。

日本仏教は、あろうことか、戒を破棄してしまっている。最澄が従来の二五〇戒（小乗仏教の四分律）を一〇重戒四八軽戒（一〇の重い戒と四八の軽い戒）に削減したのを手始めに、法然・親鸞・日蓮らが寄ってたかって戒の破棄を実施してゆく。

われわれは、これを肉食妻帯の名で知っている。以後、日本仏教は、無戒律仏教として現在に至っている。

これには、外国人僧が腰を抜かした。

それはそうであろう。仏教は「因果律」を基本とする。したがって、「因」たる持戒を破棄してしまえば、「果」たる悟りも得られない。絶対に皆無である。

仏教は、輪廻転生を基本とする。衆生（生きとし生けるもの）は地獄・餓鬼・畜生・阿修羅・人間・天の六道を生まれ変わり死に変わりする。その場合、善因は善果を生み、悪因は悪果を生んで、その六道を経巡る。そのため、上の世界（上道）に生まれ変わりたいと願うなら、善因（善行）を積み、悪因（悪行）を極力避ける。これが社会倫理の基本となる。したがって、因果律を否定するということは、とんでもない所行なのだ。

それを、よりにもよって仏教僧が公然とやってのけたのである。驚愕するのも無理はない。

社会学者の小室直樹は、こうした宗教と法の分離を日本におけるリーガル・マインド喪失につなげている。

日本人は、かくも遵法精神を失ったのだ。

法とは一時的な便法で、どのようにでも改変できる――日本人の法意識は、このようなものとなっている。また、だからこそ、宗教法を何が何でも遵守する遵法精神に呆れ返ってしまうのだ。

驚きついでに言っておくと、彼らは税金をごまかさない。いや、ごまかせないと言った方がいいであろう。

ムスリムは、純益の一部を喜捨（ザカー）として差し出すが、その場合のごまかしはほとんどない。神への献金であるからだ。

これをごまかした場合には、それこそ大変な罪となる。だから、喜捨は完全な自主申告制を取りながら、ごまかしはほとんど、ない。彼らの誇りとするところである。そしてその精神は、あらゆる場合（神と人との契約）に発動される。それを最も示したのが先述の断食である。

だいたち、日本人の意識では、灼熱の砂漠の中で、唾も飲み込まず我慢するなど考えられない。それも、眼に見えぬ神との取り決め（契約）なのだ。これ以上、不可解なものはない。

今一つ例を挙げると、イスラームの食物規定がそれに当たる。そもそも、日本人にとり、食物規定など何の意味も持ちえない。例えば豚食の禁止には、豚コレラの流行説から、その性格に由来した珍説（淫乱な豚を食べると人間も淫乱となる）まで揃っているが、詰まるところは神が禁じたからである。

ところがそれが、日本人には分からない。

「豚を喰って何が悪い。誰に迷惑かけるわけじゃなし」と。

この「他人《ひと》に迷惑をかけるか否か」が判断の味噌である。それが規準になる以上、豚食が忌避されることはないであろう。

日本人の判断は人（世間）に規準を置いており、神（の命）に規準を置いてない。これは、ムスリムになったとて変わりはない。つまりは、契約幻想を持っていないということだ。契約とは、一神教が発明した不思議な共同幻想だが、人が神と約定し、その履行を条件に神が人を守るという取り決めになっている。

だから、彼らの約定（人間間の約定）は常に神を経由して、人とは直接結び付かない。彼らが約定を守るのは神がそうするように命じたからだ。「約束を破れば相手に済まないという感覚ではない」のである。彼らは、日本人に見られるような互いの信を媒介にした約定（つまりは神の存在を抜きにした約定）を交わさない。

それは、アラブが約定を反古にした折によく分かる。彼らは、傲然として開き直る。「だから、イン・シャーラー（もし神がお望みになれば）と言ったではないか。お前との約定を守れなかったのは神のせいで俺のせいではまったくない」と。

これを言われた日本人は思わずたじろぐ。と同時に、その言に呆れ返り、猛然と逆襲する。

「冗談ではない。お前は確かにこう言った。その責任をどうするつもりか」と。

だが、言われたアラブは動じない。相変わらず、約定の変更は神のせいだと言いつのる。

そして、押し問答が続いてゆく。

これが、両者の摩擦の元凶を形成する。

日本人と彼らとでは、かくも違った世界にいるのだ。

24．イスラームとは「神への絶対服従」を指して言う

ちなみに、神と人との約定を法（外面規範）の形で表したのがユダヤ教とイスラームで、それを内面（心の中）に移したのがキリスト教である。クリスチャンが「内面で割礼（契約）した者」と呼ばれるのはこのことがあるからだ。

この神と人との関係は、その契約が守られている限り継続する。これがいわゆる、神と選民（神に選ばれた民）の関係である。

だが、契約が破られた場合は、この限りではない。もはや神は「我が主」ではなく、人も「主の僕（奴隷）」ではありえない。

となると、どうなるか？

自らを怒りの神、嫉みの神と自称している神のことだ。その怒りが爆発するのは言うまでもない。

われわれはそれをノアの箱船物語で知っている。あの時神は、契約を破った人類の皆殺しを計画し、それを平然とやってのけた。また、ソドムとゴモラの物語では、不義を重ねた民に激怒し、町全体を焼き尽くす所行に出た。

それほど恐ろしいのが一神教の神であり、だからこそ、その怒りを買うまいと必死に契約を守るのだ。この契約が時代とともに変更され（アブラハム契約、シナイ契約、ダビデ契約等々）、この世が変わってゆく様を述べたのがユダヤ人の歴史観で、これに新たな契約を付け加えたのがキリスト教の場合である。キリスト教がユダヤ教の聖典を『旧約（神との旧い契約）』と言い、自らの聖典を『新約（神との新しい契約）』と呼ぶのはこのことがあるからである。

ちなみに、イスラームとはアラビア語で「（神への）絶対服従」を指して言う。文字通り無条件の帰依である。

これは戦慄すべきことである。いかなる神命に対しても、一言の弁明もなく服従を誓うのだ。これほど恐ろしいものはない。

なるほど、神が機嫌がいい場合はいいであろう。だが、ひとたび機嫌を損ねると、どうなるかは保証の限りではまったくない。前述の大洪水に見られるような惨劇に遭遇する。

この場合、自由意志を持った被造物（造られた者）として神に抗議できるとしたのがユダヤ教で、被造物の分際で創り主（神）に文句が言えないとしたのがキリスト教（とりわけカルバンらの禁欲的プロテスタント）である。

むろん、神から見れば、自らの意志を貫くだけで、被造物（人間）が何を言おうが関係ない。神と人との関係は神が一方的に押し付けたものである。それをしぶしぶ受け入れて相互契約となったのがこの間の経緯である。その証拠には、人から契約の更改は一切できない。それはただ、神の恣意で初めて更改可能となる。したがって、いつ何どき無茶苦茶な契約が突きつけられるか分からない。その神に絶対服従を誓うのである。これがいかに戦慄すべきかは言うまでもない。そしてその決断をなした者こそ「ムスリム（絶対服従する者＝イスラーム教徒）」と呼ばれる者たちなのだ。

イスラームの神人関係は、このような構造になっている。

25. 日本の神と人とは親戚縁者、一神教の神と人とは赤の他人

むろん、こうした関係は、日本のそれとはまるで違う。日本の神人関係は、契約などなくてもやっていける。たまたま齟齬をきたしても、その大半は話し合いで解決できる。両者が地縁・血縁でつながっているからである。つまり、日本の神と人は親戚であり隣人なのだ。少なくとも、どこかで出自が重なり合う。

日本人が、「話し合い万能主義」になるのはこのことがあるからである。血を分けた間柄（あるいは隣近所の間柄）に契約（法律）など必要ない。日本人同士の間柄で契約を持ち出すのは限りなく水くさい関係なのだ。

契約は、最後の最後で繰り出されるやむをえない手段であっても、限りなく抑制される抜かずの宝刀なのである。今少し言及すれば、その「話し合い主義」でさえ、日本人は忌避したがる。その上にある「以心伝心」が理想であるため、「ああ言えばこう言う」を繰り返すのは、その枠組みから外れるからだ。

したがって、日本社会の仲裁人には弁の立つ人間は尊ばれず、腹の据わった大人（たいていは無口であり、よけいなことは一切言わない）が尊重される。具体的には、「あの人

にまかせておけば、悪いようにはしない」という雰囲気を漂わせた人物だ。われわれはこれを上は政界のフィクサーから下は町内会の世話役に至る人物像から知っている。日本人にとり、「契約によって結ばれる関係」とは、やむをえず取り交わされる必要悪なのである。

ちなみに、両者を比較すると、日本人のセンスの方がより自然のように思われる。なぜなら、一神教に見られるような強迫観念がなくて済み、ごくごく親しく神と付き合えるからである。

では、なぜ一神教はわざわざ窮屈きわまりない契約概念を採用したのか？

それは、当該の民族が何らかの事件に遭い、従来あった伝統神との関係が切断されたことを示唆している。つまり、伝統神が失われたその空白に唯一神が割り込んできたのである。

それがどのような状況で起こるかはさまざまあろうが、例えば敗戦が契機となり、伝統神が駆逐された場合が挙げられよう。戦勝を保障できない神々など、何の役にも立たないからだ。

事実、当時の戦さは神々の戦さでもあった。ということは、敗戦とは自らの神々の敗死を意味する。敗れた共同体は、もはや従来の神にすがることができなくなり、新たな神（つまり見ず知らずの赤の他神）を迎えざるをえなくなる。また、それができない場合には、民族的精神を喪失し、生物学的血のみ残して、歴史の彼方に雲散霧消することになる。事実、ここ中東では、こうした神々の興亡が無数に繰り返されてきた。原始ユダヤ人が祖先伝来の神を捨てヤハウェを主神に迎えたのも、こうした事件に依っていよう。具体的には、エジプトで奴隷になっていた時期がそれに当たろう。そうでなければ、わざわざモーセの唱える新宗教を信じる必要などまったくない。彼らには、従来の神々で十分であったのだ。

後に彼らは、モーセがシナイ山に登った留守に「黄金の仔牛」を神とするが、その方が遥かになじめるものだったろう。それは、かつて自らが信仰した神々の名残りではなかったか。

聖書によれば、モーセはまずエジプトの王女に拾われて成長し、その後自らの出自（ユダヤ人）を知るにつれ、エジプト人との軋轢を増してゆき、ついにはユダヤ人奴隷を虐待したエジプト人監督官を殺害して砂漠に逃れることになる。そこで出会ったのがヤハウェであった。

だが、この出会いはどうも変だ。モーセが遭ったヤハウェとは火の神（火の中から呼びかける神）であったが、この地に火山はないのである。また、ヤハウェはモーセがめとったミディアン人の部族神（嵐の神）とも言われているが、だとするとユダヤ人のオリジナルな神ではない。おまけにモーセは、エジプト人の名前であり、ヘブライ語が話せないようなのだ（聖書では「口が重い」と書いてある）。

これに目を付けたのがフロイトである。彼は言う。「モーセはもともとエジプト人で、ユダヤ人を救う代わりに自らの唯一神信仰（アトン神）を押し付けた」と。

フロイトは、これを『モーセという男と一神教』で展開している。

この是非を論じる立場に私はないが、ヤハウェが「赤の他神」であったことは間違いない。

これがあるから、ヤハウェがファラオ（エジプト皇帝）の圧政からユダヤ人を救い出しても、彼らは気を許すことがまったくなかった。それどころか、ことあるごとに反抗し、ヤハウェの命をなおざりにし続けた。

そもそも、あれだけの奇蹟を起こしながら嫌われる神というのも珍しい。あれだけ恩着せがましく自らの恩恵（グレイス）を繰り返し、他の神々を拝することに嫉妬を見せる神も他になかろう。とりわけ、出エジプト（エクソダス）の奇蹟については執拗だ。

曰く。

「奴隷として呻吟していたお前らを救ってやったのはいったい誰か」

「追いすがるファラオの戦車群を葦の海に沈めてやったのはいったい誰か」

「みな我だ。我が奇蹟を起こさしめ、お前らを救い出してやったのだ」

ヤハウェは繰り返し自らの栄光をひけらかす。その恩寵をかさにきる。それが少しでも拒否（あるいは忘却）されると、狂ったように怒り出す。

と同時に、ユダヤ人も不遜である。ヤハウェの命など鼻先でせせら笑い、律法の穴を探し求め、困った時だけ物を頼み、ついには他神の偶像（黄金の仔牛）を製造する。その忘恩は比類を見ない。

おかげでモーセは、自らの手勢に命じ、これらの者を粛清せざるをえなかった。その数は3千人の多きにのぼった。

これは、明らかに異常きわまる関係だ。押し付けられた赤の他神と信者でなければこうはならない。

それは日本の神々と比べれば即座に分かろう。通常、日本の神々は、それを拝する信者らと親子関係で結ばれている。身近で言えば、神と氏子の関係だ。両者は「血縁をもって結ばれている」のである。前述した通りである。

したがって、親は自然に信者を助け、それを恩着せがましく言いつのらない。なぜなら、親が子を慈しむのは当たり前のことであり、くどくどと言う必要がないからだ。もしそれを繰り返し言うならば、それはきわめて「水くさい関係」であり、血のつながりを疑われる。

むろん、子の方も同じであり、ごくごく自然に親を慕い、それをあえて言及しない。ましてや、契約をもって約定するなどありえない。

その点、ヤハウェは、嫉妬深く、恩着せがましく、水くさく、いったん契約が破られると烈火の如く怒り狂う神であった。一方、それを信じるユダヤ人も、常に他神に心を許し、神罰に遭っても悔い改めず、性懲りもなくそれを繰り返し、神の声を述べ伝える預言者に反抗する。おかげで、両者の間に挟まれた預言者は塗炭の苦しみを味わった。何せ、あちらが立てばこちらが立たず、こちらが立てばあちらが立たずといった中で、両者の間を取り持たなければならないのである。考えるだに困難な立場であった。だから、かのモーセやエレミヤも、神から逃げ回ってばかりいた。神と出会うと無理難題を押し付けられ、ろくなことがないからだ。

このことから分かることは、聖書がわれわれの言う信仰の書ではなく、「神と人との葛藤を記した書」と言えるであろう。

それもこれも、赤の他神を押し付けられてしまったため、ユダヤ人の精神が愛憎入り乱れたものになったからだ。要するに、神の実子でないために、ひどく気まずい関係に陥ったと言えるであろう。

むろん、これは、他の一神教（キリスト教やイスラーム）にも当てはまる。一神教の神と人が異常な緊張を強いられるのはこのことがあるからである。

26. 赤の他神が支配すれば
――タリバーンの場合

では、このような赤の他神が君臨し、法（シャリーア）支配を貫けばどうなるか？

それは、赤の他神と人との関係を反映し、きわめてぎくしゃくしたものになる。とりわけ、イスラーム原理主義が政権を握った場合はそうである。

例えば、タリバーンのアフガン支配は何とも言えないものとなった。

まず際立つことは、女性の姿が消えてしまったことである。むろん、存在してはいたのだが、その性は否定され、実質的な社会活動はできなくなった。そもそも女性は、顔を出すのを禁じられた。化粧するのも禁じられた。身体の寸法を測ることも禁じられた。ハイヒールを履くこともファッション雑誌を見ることもいけなかった。女は教育を受ける必要はないとされた。したがって、文字も教えてもらえなかった。病院に行っても、肌を露出してはいけなかった。そのため、男性医師と対面してはいけなかった。だが、女医が追放されていたために誰も診てくれなかった。わずかに、穴を開けたカーテン越しの問診だけが許された。

男も無事では済まなかった。洋服は禁じられた。シャルワルと呼ばれる民族ズボンをはかなければならなかった。あご鬚もはやさなければならなかった。長髪は欧米風だということで有無を言わさず切り落とされた。映画館は閉鎖され、テレビも没収されてしまった。写真も撮ってはいけなかった。スポーツ観戦で手を叩いてはいけなかった。ただ、アッラーフ・アクバル（神は偉大なり）というかけ声だけが許された。音楽も禁じられた。演劇も禁じられた。文学も禁じられた。凧揚げも禁じられた。鳩を飼うのも禁じられた。小鳥と遊ぶのも禁じられた。むろん、いかなるアルコール飲料も禁じられた。同性愛に至っては言わずもがなであった。要するに、全てにわたって禁じられた……。

こうした原理主義統治のやり口は、長く続いた戦乱（内乱や対ソビエト戦争）のせいでもあった。

国内外から流出した膨大な難民は難民キャンプに収容されたが、肉親が別れ別れになっているため、幼い頃より男女別々に育てられた。そこで成長したタリバーン（の活動家）は、女性と接触することがほとんどなかった。そのため、どう扱っていいのか分からなかった。

これが、イスラームの女嫌いとも相まってイスラーム法（シャリーア）の厳格極まりない適用を招いていった。そこでは、一神教を教条的に当てはめればどうなるかが見事に表現されていた。

アフガニスタンのタリバーン支配は、一神教（イスラーム）の逆ユートピアをこれ以上なく表したサンプルと言えるであろう。

27. イスラーム世界は近代化が大の苦手

日本は、非西欧世界で最も早く近代化に成功した歴史を持つ。何せ、国を開いて半世紀も経たないうちに近代国家に成長したのだから、ある種の奇蹟と言っていい。

一方、イスラーム諸国たるや、過去に高い文明を持っていたにもかかわらず、近代化に後れを取り、未だになかなか飛ばずの状態にある。

この原因はさまざまあろうが、一つにはイスラームの持っている宗教性に依っている。というのも、イスラームは包括的な宗教で、その戒律が社会の隅々にまで行き渡り、人々の行為を縛っているため、改革ができにくいのだ。

ところが、近代化という行為は、社会全般の改変を要求するため、こうしたイスラーム規範とバッティングしてしまう。

これが、イスラーム世界の近代化を強力に阻んでいる。

宗教というものが社会に介入してこない日本人には分かりにくいかもしれないが、その動向は社会の改革を進める上で決定的な要素となる。宗教が、ひとたび改革に反対すると、それを上回る力をもってねじ伏せなければ改革は進まない。はっきり言えば、イスラームの息の根を止めて、しゃにむに改革を進めるほか術がない。

それを如実に示すのが次のトルコの例である。

周知のように、トルコはオスマン朝の後期から西欧に押しまくられ、第一次大戦の直後にはその国家的維持さえままならぬ状態になっていた。

そこに登場したのが、救国の英雄ケマル・パシャ（ムスタファ・ケマル）である。ケマルは、トルコ社会の元凶たるイスラームとそれこそ血みどろの戦いを繰り広げ、その息の根を止める中で大改革に着手した。彼は、スルターン・カリフ制を廃止した。メドレセという イスラーム学校を閉鎖した。トルコ語のアラビア語表記をラテン語表記に変更した。礼拝を呼びかけるアザーンをアラビア語からトルコ語へ変更した。そして何より、イスラーム法を廃棄して近代西欧法を採用した。

これは驚天動地の出来事だった。おおよそ、神から与えられた聖法（イスラーム法）を廃棄するなど考えられないことであった。それが伝えられるや、全世界のムスリムは天を仰いで慟哭した。むろん、その反動は熾烈をきわめた。それがどれほどひどかったかは次の例が示している。

「いたるところ、地方の聖職者にあおり立てられた大衆は、じぶんたちの精神界の長の呼びかけに応えた。日ましに増えていく集団ごとに、農民たちは預言者の代表のために決起したのだ。ボスポラスからカフカスにかけ、トルコは、宗教戦争というおまけをつけた、すさまじい内乱によって分断された。町対町、家族対家族、父対子というように、あらゆるものが未聞の残酷さをもって戦いはじめたのだ。スルタンの配下たちによって力づけられ、きょうはここ、あすはあちら、というふうに暴動が突発した……。

コンヤでは、スルタン側はムスタファ・ケマルから派遣された将校たちの爪を引き抜き、次いで八つ裂きにしてしまった。ムスタファ・ケマル側はその町の名士を一人残らず手足を切断し、市場にある広場で絞首刑にかけてこれに報いた。国じゅうが刑場と絞首台に被われた。津々浦々で日々の生活は悪夢の連続と化してしまった」（『灰色の狼ムスタファ・ケマル』ブノアメシャン、牟田口義郎訳）。

ざっとこんなものである。逆に言えば、これくらいやらないと近代化はできなかったということだ。

むろん、このような大改革をやれる者はまずいない。したがって、近代化の試みは常に中途半端に終わってしまい、近代化の道のりはほど遠い。

ちなみに、この近代化は何も国家だけの問題ではない。個人も家族も同様の理由で近代化は難しい。とりわけ、女性問題が絡む場合は非常に困難なものとなる。

ここに面白い例がある。例えば、アメリカにムスリムが移住して、下町の雑貨店から商売を始めたとする。と同時に、そこには韓国からの移民もおり、隣り合って商売を始めている。すると、韓国の店は上昇気流に乗るのに対し、ムスリムの店はなかなか乗れない。

なぜか？

それは、韓国の店が家族全員を動員するのに対し、ムスリムの店が女性を労働から遠ざけるためである。

この差は大きい。実に大きい。むろん、イスラーム側とて、そのようなことは重々分かっているのだが、分かっていながらできないところに宗教規制の厳しさが存在する。

一事が万事、このような調子なのだ。近代化の難しさが分かろうというものである。

イスラームは近代化が大の苦手なのである。

28．イスラームはなぜ民主化を受け付けないのか

今の日本で、「デモクラシーを否定する」と公言する者がいたならば、それだけでもう社会的な発言権は失われる。とりわけ、共産主義国家の崩壊はデモクラシーの勝利とされ、これこそ世界の行き着くところと見なされた。有頂天になったアメリカは、その伝道に拍車をかけ、世界中で民主化の押し売りをして歩いている。むろん、日本がデモクラシーの普遍性を疑っていないのは言うまでもない。

したがって、それに公然と異を唱える勢力に出くわすと、非常な衝撃を受けてしまう。「えぇっ！　まだそんなことを言っている者が存在するのか。信じられん！」と。

だが、デモクラシーは時代的にも地域的にもそれほど普遍的なものではない。中でもイスラーム世界はそうであり、西欧型デモクラシーに反対する根強い勢力が存在する。その代表がイスラーム原理主義であり、その主張には一定の支持がある。

では、なぜこのような見解が共感を得るのだろう？

それには、デモクラシーがイスラームの根幹とバッティングするところがあるからだ。

彼らは言う。

「ヨーロッパ民主主義は神の主権を否定する。よって、断じて認められない」と。

また、こうも言う。

「立法権を人民（議会）に委ねることは神の法を改変するムスタブディル（法改変者）の所行である。これほどイスラーム法を冒瀆するものはない」と。

そして最後に、こう付け加える。

「アッラーフ・アクバル（神は偉大なり）！　イスラームこそ解決法だ」と。

この場合の神の主権とは、神から下されたイスラーム法の絶対優位を示しているが、これが「立法権を人民に置き、それを社会的総意」とする近代西欧と正面衝突したのである。

このことから分かることは、「イスラーム原理主義者がデモクラシーを真っ向から否定する神権主義者であること」である。彼らはテオクラシー（神権主義）の剣を抜き、デモクラシーに切りかかっているのである。

むろん、西欧社会は、激しくこれに反発した。

「人民主権を否定するだと？　民意を神意に置き換えるだと？　奴らはいったい何を考えている。デモクラシーを断固守れ。一歩も退くな！」と。

断っておくが、こうした意見は、何も排外的な保守層から出されているだけではない。文化相対主義を取るヨーロッパ・リベラルからの難詰もそれに劣らず激しいのだ。

彼らは、イスラーム世界に散見する石打刑、鞭打刑、女性の割礼（陰核の切り取りや封鎖)、スカーフやチャドルの着用、ポリガミーの公認(一夫多妻制)、名誉の殺人(性的問題を起こした女性に対する身内の男の殺人行為)、人権抑圧等々を逐一取り上げ、これを激しく難詰した。

これが「イスラーム問題」と称される社会政治問題であり、ヨーロッパの選挙の折には必ずこれが持ち出される。

ちなみに、イスラームがなぜ法にこだわるかははっきりしている。

それは、イスラームという宗教が、法をあらゆるものの土台にしているからである。マルクス流に言うならば、「下部構造たる法の上に、上部構造たる政治的経済的社会的文化的な一切合切がそびえ立つ」と考えるのがイスラームの基本である。したがって、何らかの社会的変革を行う場合は、まず何よりもイスラーム法の解釈変更が求められ、それが合法性を得て初めて社会改革が推進されることになる。政府も野党も反体制派もこの点においては同じであり、社会政治的事項については、ウラマー(イスラーム法学者)のお墨付きを得るためにやっきになる場合が多々見られる。

そのため、重要な課題においては法律論争が巻き起こり、そのコメントも司法用語が頻発する。イスラーム世界の政治状況がきわめて分かりにくいのは、このような理由に依っている。

そのイスラーム法の絶対性がデモクラシーの出現で危うくなっているのである。そのため、デモクラシーに反対する勢力が台頭し、それに支持が集まってもおかしくない。イスラーム原理主義が一定の支持を受けるのはこのことがあるからである。

ここまでくれば明らかであろう。

宗教的固執がない日本ではすんなり認められたデモクラシーも、強固な宗教文化を持つイスラームでは拒絶反応が先にくるのだ。

「何と融通が効かない社会だ」と言うなかれ。世界では日本の方が例外で、イスラームの方が普通なのだ。逆に言えば、こうした融通が効いたからこそ、日本は近代化に成功し、デモクラシーをすんなり取り入れ、先進国へのテイクオフ（離陸）をスムーズにできたのである。

しかし、自国ができたからと言って、他国にできるとは限らない。いや、それができない方が普通なのだ。

想えばこの間、アラブは西欧産の制度や思想をどのように扱うか非常な躊躇を覚えてきた。いかに優れた文化であっても、いざ取り入れる段になると激しい拒絶感と屈辱に苛まれる。と言って、そのまま事態を放置すれば、ますます進歩から取り残される。

デモクラシーも、そうした悩める対象の一つであった。とりわけそれは、近年アメリカから常に強要されたこともあり、強い反感を生んでいた。「押しつけられた民主主義」ほど形容矛盾なものはない。

そうした躊躇をあえて振り切り、一点突破を目指したのがアラブの春だ。それは、アラブの民衆が西欧産のデモクラシーをようやく咀嚼し、初めてそれを明示した歴史の新たな一ページなのである。

29. アラブの春（その二）～前史

２０１１年。この年をアラブは忘れることはないであろう。

同年１月に始まった民主革命は瞬く間にアラブ全土を席巻し、ベン・アリ（チュニジア大統領）を追放し、ムバーラク（エジプト大統領）を倒し、カッザーフィ（リビア最高指導者）を死に追いやり、アブドッラー（サウジ国王）を震撼させ、アサド（シリア大統領）を窮地に追い込み、サーレハ（イエメン大統領）を辞任させてとどまるところを知らなかった。つまりは、全ての独裁政権が無名の民衆蜂起に立ち往生させられたのだ。

むろん、ここまでに至るには長い歴史の伏線がある。アラブの政治体制は、そのいずれもが独裁制を採っていた。それが王制であれ共和であれ、宗教的であれ世俗的であれ……。もとより、その底流には、レジスタンスの流れがあり、時には独裁制の一端を切り崩したこともある。その典型が、１９９１年アルジェリアで起きたイスラーム救国戦線の勝利である。この時救国戦線は民衆の支持を得て総選挙で圧勝した。

だが、それもほんの束の間の出来事だった。宗教原理主義の台頭に怯えた体制側（アルジェリア軍）はクーデタを決行し、総選挙を無効とした。それを見た西欧諸国はほっと胸をなでおろし、そのクーデタを黙認した。アルジェリア版アラブの春は、育つ間もなく摘み取られた。

これが当地の民主化を挫折に追い込む。そして、イスラーム主義者をしてこう確信させてゆく。「力の裏付けがない運動は敗北する。ならば、力の行使しか他にない。暴力による革命だ」と。

ちょうど、その時折悪しくアフガンでソビエトと戦った義勇兵がアラブ諸国に戻って来た。彼らはいずれも大国ソ連に勝利した高揚感と戦場で被った戦争神経症を患っていた。それが自らを受け入れない国家・社会への怒りとなり、イスラーム運動に参加させる契機となった。

たちまち、アラブ全土は流血の巷と化した。とりわけ、アルジェリアの場合は凄惨だった。ほぼ90年代を通じ、毎年1万人の死者を出し、大量の国外逃亡者を出してゆく。しかも、逃亡先のフランス（アルジェリアの旧宗主国）でも体制側と反体制側が衝突し、これにフランスの治安部隊や在仏ムスリム過激派が加わって、三つ巴の暗闘が続いてゆく。

その頂点にあった事件が、イスラーム武装戦線（ＧＩＡ）によるハイジャック闘争である（１９９４年）。彼らはエールフランス機を乗っ取って、エッフェル塔に突っ込もうとしたのである。米同時多発テロの原型は、すでにこの時起こっていたのだ。

それもこれも、アラブ独裁政権の硬直化に依っている。そのため、体制への異議申し立ては暴力でしか実現する術がなかったのだ。

30. アラブの春（その二）～組織なき直接行動

ところが、ここに、まったく新たな運動が巻き起こる。それこそ、名もない無数の若者が、フェイスブックやツイッターの力を借り、不特定多数の民衆に民主化を呼びかけたのだ。これにより、チュニジア・エジプト両政府はたまらずに崩壊し、他の政府も非常な窮地に立たされた。

この瞬間、アラブ社会は独裁政権に抗する術を見出した。それを象徴する言葉が残っている。

「アル・カーイダはタフリール広場（デモ隊が埋め尽くしたカイロの中央広場）で葬られた」と。

要するに、もう力ずくの宗教原理主義に頼らなくても体制変換（民主化）は可能だ、と断言したのだ。

ここに、アラブの春の原点が存在する。

だが、その結果がどのようになったかはその後の事実が語る通りだ。民主化は行き詰まり、道半ばで挫折した。

なぜか？　それは民主化なる存在を社会に定着できなかったことによる。

そもそも、アラブの春を主導した若者たちは組織を持っていなかった。政治経験も皆無だった。あるのはただ「自由な社会を熱望し、民主主義を実現する」との素朴な意識だけである。

これでは、政治は動かない。しかも、彼らは自由というパンドラの箱を開けている。

長い抑圧が続いた国で、いきなり自由が与えられればどうなるか？

人々は自由に酔う。そして、言いたいことを言い散らかし、やりたい放題をやり始める。

事実、それを待ちかまえていたように、さまざまな勢力が社会の前面に躍り出た。

エジプトでは、それまで禁圧されていたイフワーンが台頭し、ついには政権を握ってゆく。リビアやシリアに至っては、各派各系が衝突し合い内戦にまで発展する。

むろん、原理主義者も勢いづいた、

彼らは言った。「アラブの春はアッラーのくだされた賜物だ」と。

アラブの春は逆説的にも作用したのだ。

ちなみに、最も封建的だとされていたサウジさえ、その影響から逃れられなかった。

この地のおひざ元で口火を切ったのは女性であった。シャリーアの絶対主義下で、その皺寄せを最も受けていた彼女らは、これを契機に立ち上がった。そして、運転免許取得に向けたデモンストレーションを敢行した（サウジでは女性の運転は禁止され、一人旅も認められていない）。

むろん、保守派ウラマーは目を剝いた。そして、断固阻止の構えを見せた。が、幾人かの女性たちは、それにひるまず運転した。

これは、重大な問題を示唆している。

アラブの社会運動は、イスラームの大義の下で動いてきた。たとえそれが世俗のものでも、どこかで宗教的承認が必要だった。その権限を一手に握っていたのがウラマーだった。ところが、それが、今回は無視された。

アラブの春は、個々のウラマーを飛び越えて、直接行動に打って出た。具体的には、ウラマーの特権たるファトワー（法的判断）を相対化してしまい、気に入ったファトワーのみを選択するか、さらに進んで自らの判断を優先した。つまり、社会的中間層としてのウラマーを否定して直接社会と向き合うことを選んだのだ。

これを一部の宗教学者は、西欧の宗教革命になぞらえてイスラーム・プロテスタンティズムと呼んでいるが、それは誤っているであろう。

西欧プロテスタンティズムは、確かにカトリックの牙城を切り崩し、その一元支配から信者を解放してゆくが、結果はさらに過酷な宗教支配を強いている。それは、カルバン主義が支配した社会を見れば容易に分かろう。そこでは窒息するほど厳格な宗教支配が貫徹している。プロテスタントが「神に串刺しにされた者」と呼ばれるのはこのことがあるからだ。先に述べた通りである。

だが、アラブの春は、それとは違う。彼らはウラマーを飛び越すことではプロテスタントと同じだが、それは宗教性を抜き取ることで達成されたものであった。

つまり彼らは、全体主義を予感させる全ての支配に反対なのだ。それがイデオロギーであれ宗教であれ。

その意味で、アラブ社会は大きな一歩を踏み出した。後は、いかにその成果を記憶に残し、闘いを継続するかにかかっている。

アラブの春の動向はこの一点にかかっている。

ラクダの世話をするベドウィン
写真：ロイター／アフロ

III

中東イスラームの世界観

31. ベドウィン(砂漠の民)という生き方

アラビア遊牧民とはどのような人間なのか？　彼らはいったいいかなる精神を持っているのか？

ここではそれを、牧畜文化が最も残るアラブ・イスラーム世界で見てみよう。

まず、何よりも目立つのは、彼らが家畜と共にあることだ。それは、信じられぬほどの結びつきで、ほとんど不可分と言っていい。この存在を仮に「ケンタウロス」と呼んでおこう。ギリシア神話に登場する「上半身がヒト、下半身が馬なる人獣」である。

これは、アーノルド・トインビー（文明史家）が使用した用語だが、まさに言い得て妙である。事実、家畜にまたがった彼らほどケンタウロスに似合ったものは他にない。

彼らの眼は、常に家畜に注がれる。草も木も全ては家畜を通して評価される。家畜にとり快なるものが善であり、不快なるものが悪である——これが全てで他に、ない。

それが嘘でないことは、餌が豊富な大地（草原地帯）を見る眼が語っている。

何とも、安堵した表情なのだ。とりわけ、草をたらふく喰っている家畜を見る眼はそうである。彼らは家畜を通して自然を見、ついには家畜そのものとなって自然を見る。たとえ自然が、いかに不毛に見えようとも、である。それは、青々と実った稲穂を見る農民の目と同じである。

ちなみに、ここで言う「不毛」なる語も、ある種の誤解を含んでいる。

実は、牧畜民にとっての砂漠とは決して不毛なものではない。それは、農耕には向かなくても牧畜には向いており、植物には不適でも家畜には最適なのだ。

ただし、それによる盲点も出現する。農耕社会が未発達であるために労働の意味が分からないのだ。アラブ史家のヒッティーは、これをアラブ・イスラーム世界の悲劇と見た。事実、この地の労働は、下賤のやることと見られている。アラビア語の「ファッラーヒーン」とは農民を指す言葉だが、それは差別用語でもあるのである。

それは、神話時代からそうであり、神は農作物の献納より犠牲獣の献納を遥かに喜ばれるのが常であった。いや、それよりも何よりも、こうした農作業に見られる労働は、神の懲罰だという観念がこの地にはある。それは、アダムとイブが楽園から追放され額に汗して働かなければならなかった神話からも容易に分かろう。

これは、日本人の持っている原型とまるで違う。つい最近まで日本人の原風景は、何といっても水田だった。水田が遥かに広がり、稲穂がたわわに実る風景だ。それを実現するためにこそ、営々とした労働が営まれた。日本人はそれを2千年余り続けてきた。

いや、おそらくはそれ以前から、日本人は働くこととともにあった。それは神話時代から続いており、日本人の祖先神アマテラスが機織りを業としていたことからもうかがえよう。

だから、日本人への懲罰は労働の停止である。働くことを妨げられることこそが、存在意義を喪失する最も苛烈な懲罰なのだ。窓際族になることが最大の懲罰になる現状はそれを見事に示している。

そのような日本人が、砂漠やベドウィンをどう見るかは言うまでもない。そこはあくまで不毛の地で、そこに生きるベドウィンの生き方（世界観や行動）は不可解以外何ものでもない。両者は、まったく異なる自然の中で、正反対の世界観（文化）を形成してきたのである。

32. もてなしと略奪と

だが、違うのだ。繰り返すが、砂漠は空虚な大地でありながらも、不毛な大地では決してない。とりわけステップはそうである。

しかもそこには自由がある。ひとたびその地に踏み込めば、何の規制も及ばない絶対自由が存在する。これがいかに人の心を解き放つかは、次の詩が示している。

嫌だ、まっぴらだ
他人《ひと》の指図は受けはせぬ
こっちから、むこうをみんな馬にして
思いのままに乗りまわすだけ
（井筒俊彦訳）

この精神は、砂漠の自由を背景に初めて成り立つものである。

広い大地、果てしない砂の海！　そして何者にも拘束されない絶対自由！

加えて、彼らは強い相互扶助の慣習を持っている。

それは、砂漠を旅すればよく分かる。

夕刻、旅人はその日の宿舎にハイマ（幕舎）を探す。そしてハイマに近づけば、中から住人が顔を出す。そこで行われるのがタスリームと呼ばれる仁義である。

まずは出自を名乗り合い、機嫌伺いを延々と取り交わし、その地の情報（アフバール）を交換し、気に入ればそこで決まりだ。駱駝を幕舎の者にまかせ、後は客人としてもてなされる。これをディアーファ（接待）という。

ディアーファは、通常三日を限度とし、この間は無条件で滞在できる。また、その安全を保障される。これを「ハイマの庇護（アマーン）」と呼んでいる。

これは、砂漠の掟でも最重要のものであり、ハイマ側に宿泊を断る権利はない。たとえ、仇敵がやってきても、ディアーファやアマーンの方が優先される。ベドウィンにとり、客人を敵の襲撃と自然の脅威（水や食料の欠乏）から守ることは、絶対的な掟なのだ。彼らがハイマを過剰に評価するのはこのことがあるからだ。

そこにいったん入ってしまえば、「とにもかくにも『安全』」なのだ！

では、もしハイマ側がその慣習を守らなければどうなるか。その時は、彼らの名誉（シャラフ）は失墜する。そして、耐えがたい汚名を着せられる。だから、旅人や客人は過剰なほどにもてなされる。

しかし、これは三日が限度で、それを過ぎると状況は一変する。ただちに、ハイマ側の略奪が開始される。しかもまったく悪びれず、旅人の眼前で荷を漁る。

「これはいい。これをもらおう。それは、よくない。もっといいものは他にないか」

彼らはごそごそと手を突っ込んで荷をかきまぜ、めぼしい獲物を物色する。唖然とする。おおよそ、これほど悪びれず略奪する人間を私は知らない。見ているだけで身が切られる。これだけ堂々とやられると、やられる方が萎縮して、金縛りに合ってしまう。

「わっ、やめろ。お前は何ということをするのだ！」

思わず、悲鳴が上がってしまう。ベドウィン（砂漠の民）の精神は、接待と保護が終わった瞬間、やらずぶったくりに変身するのだ。

アラビアの遊牧民は、このような慣習のもとで生きている。

それを実感したのがサハラ砂漠の旅（ラクダの旅）であった。中でもモーリタニアの砂漠には鮮明な記憶が残っている。その地で私が見たものは、現れては消えてゆく無数の部族の風景だった。商業の民イダワーリーが、家畜への愛を誇るバーリカッラーが、狩猟の民イダイシュッリが、武勇の誉れ高いアウラード・ガイラーンが、西アフリカ一帯に棲息するクンティーアが眼前に現れては消えていった。

そこで最も驚いたのは、案内人の揺れ動く心情だった。そもそも、自部族（イダワーリー）のテリトリーを抜け出たとたん、まったくの腑抜けになってしまった。それは、孤独の意識からくる強烈な怯えであった。

「お前の部族はもういない。この広い大地でお前を支え、手を差し伸べてくれる者は誰一人いない。その時、病にかかり、他部族に襲われればいったいどうする。お前を助けてくれる者のいない地で果たしてお前はどうするのだ」

この声は抑えても抑えきれないベドウィンの思いである。「部族がなくとも、アッラーが支えになるはずだ」という者がいるならば、お門違いも甚だしい。それはベドウィンの精神をまるで何も分かっていない。

彼らは血をもって契り合った者たちだ。その契り（アサビーヤ）は何より重い。自己がいかに窮状でも血族が援助を求めた場合には、何をおいても履行する義務を負う。だが、いったん血族外の者ともなれば、この限りではまったくない。極端に言えば、どのように扱ってもかまわない。だから、部外者同士が交わるには、常に親愛の情をアピールし、敵意のないことを示す他に道は、ない。彼らが驚くほど頻繁に訪ね合い、度はずれた歓待をし合うのはこのことがあるからだ。横から見ると、鬚面の男どもがはっしと抱き合い頬擦りをする光景は何とも言えないものであるが、少しでも交歓を怠れば、次の出会いでどんな目に遭うか分からないため、ついついオーバー・アクションになるのであろう。

「やー、兄弟よ、お前に会えてすごく嬉しい」「神に称えあれ、わしの方こそこれ以上なく幸せだ」とか何とか言い合って延々と抱き合っている。逆に言えば、それをしないと、心配でたまらないのだ。事実、一日でも近隣者が訪れないと「いったいどうした？　お前は俺が嫌いになったか？」と不安そうに尋ねてくる。彼らには、強度の確認強迫がこびりついて離れない。

それもこれも、みな赤の他人が潜在的敵対関係にあるからだ。有名なベドウィンの略奪とは、こうした血族内外の二重規範に依っている。

血族内には有無を言わせぬ相互扶助を、血族外にはやらずぶったくりの略奪を！

これが彼らの処世訓だ。

ちなみに、アラブの血族はいとこ婚がポピュラーであることから、部外婚制（イクソガミー）は取っていない。その点、同じ父系制でも、中国の宗族とはまったく違う。中国の宗族は血族内の婚姻を蛇蠍の如く忌み嫌うが（同姓めとらず）、アラブでは部内婚は常態なのだ。と同時に、姓のないアラブではその父系系譜を具体的な父祖名をもってつないでゆく。例えば、「アハマドの子にしてムハンマドの子であるアブドッラー」という具合いに、である。通常は三代で打ち止められるが、「言え」と言われれば延々と述べ続け、部族の祖を経てアダムにまでさかのぼる。かのサッダーム・フセイン（元イラク大統領）も、この系譜にはえらくご執心であったようで、自らの系統樹を捏造し、これみよがしに飾っていた（何でもその系統樹は預言者ムハンマドにもつながっていたという）。この場合重要なのは、父が誰かということで、母方の素性はほとんど問題にされえない。だから、異邦人でも奴隷でも誰でもよく、当人の経歴に傷は付かない。加えて、父系制の常として養子は血族内に限定され、決して血族外には求めない。いわゆる「異姓養わず」である。ちなみに、このような父系系譜はユダヤ人も同様で、われわれはそれを旧約聖書で知っている。ここが、日本とはまるで違う。

では、こうした血縁共同体が商取引に参加すればどうなるか？

その時は、部外者へのぶったくりは常となる。いやむしろ、それは奨励されてもいるのである。ましてや、何やかやと事情変更を言い募り、約定を反古にするなどごまんとある。だから、その状況を避けるため、他人同士は常に親愛の情を取り交わし、商取引にも手心を加える必要が生じてくる。賄賂がこの地で必須なのはこのことがあるからだ。

だが、この段階をクリアーすれば、関係も深くなり契約はその通りに守られる。口約束だけでも成立する。むろん、賄賂の額も少なくなり、共に利益を得ようという態度が生まれる。それもこれも、「関係が深くなった」という新たな条件が入ったからだ。

このように、人間関係の強弱で社会関係（この場合で言えば商取引や略奪）が図られるのが他人同士の付き合いである。ここが、同じ一神教でありながら、生々しい人間関係を捨象した欧米とはまったく違う。商取引で言うならば、アラブで値切りが常となり、欧米(近代社会)で定価が常となるのはこのことがあるからである。

このように、アラブの血族関係は、他の一切の社会関係に優先する。商取引に限っても、ほとんど無償奉仕に近い例が多々存在する。血族内の富裕者が無条件で仕事を与え、好条件で売買契約を結ぶからだ。いや、それは富裕者の絶対的な義務なのだ。

アラブに見るメンタリティーはこのような構造になっている。

したがって、彼らの危機は、血族から切り離された時に始まる。それは、無一物で放り出されたはぐれ者にも似る戦慄だ。イスラームはそのような血の拘泥を否定したが、それはアラブの深層(ベドウィン)に未だ浸透していない。ここに、イスラームとアラブ的精神の葛藤がある。

33. ベドウィンはいきなり動く

ベドウィンの精神は今でも至る所に残っており、例えば定着（汚れ）と関係する諸制度は、不評をかって見向きもされない。

番地がないのも、郵便配達制度がないのも、このことと関係しよう。移動を常とする限り番地はなく、郵便配達も不用だからだ。気が向いた時に私書箱を訪れて郵便を取りに行くだけである。

ここまでくれば、両者の行動パターンが異なるのがよく分かろう。事実、日本人はこうした行動をなかなか取れない。われわれができるのは、予定された時間の中で、待ち、行動するだけである。列車時刻表的感覚が染みついている日本人に、彼らの時間感覚は分からない。むろん逆も真であり、彼らに「列車時刻表通りやってみろ」と迫ったら、一瞥もなく「できるものか」と投げ出すに決まっている。彼らが時間的近代化（タイム・スケジュール化）をできないのは、このことがあるからだ。

一つ面白い逸話を紹介しよう。

ある日、いつもなら大幅に遅れる列車が定刻通りにやって来た。

それを見た先進国の鉄道技師が感極まってむせび泣いた。

「ようやくわれわれの苦労が実ったか」と。

だが、泣くのはあまりに早かった。

そばにいた現地人が申し訳なさそうにこう答えた。

「今来た列車は、昨日のこの時間に着くはずの列車です」と。

いかにもありそうな話である。

実は、私も似たような経験をした。

サハラの町アガデズ（ニジェール共和国）でのことである。われわれは首都ニアメに向かうトラックを待っていた。係員の説明では午後に必ず来るという。

だが、いくら待ってもトラックはやってこない。待って待って待ちくたびれて、とうとうその日はふて寝した。だが、次の日もやってこない。

腹が立った。抗議もした。しかし、全てはしょせん無駄であった。ただ時間だけが過ぎ去った。

そして、「もう駄目だ、これは永久にやってこない！」と思った瞬間、そのトラックはやってきた。皮肉なことに、定刻の午後に、である。と同時に、それまで放心したように座っていた現地人がやおら跳ね起き、いきなり荷をたたみ始めた。

それ以降、何もかもが急変した。老若男女がわめきながら荷台に向けて突進した。他人を猛烈に押しのけて席を取ろうと試みる。後は身内で固まって、その一角を占拠する。この間わずか数分間。まことに俊敏な動きである。

立ち遅れたわれわれが、荷台に登って見た光景は、立錐の余地もなく埋め尽くされた人の群れだけであった。以後丸一日、われわれはほんの隙間に足を乗せ、立ちっ放しの時を送った。一瞬の時をやり過ごせば、このようになるのである。

なぜこのようになったかは、言わずもがなことである。彼らは実存的時間に身をまかせ、われわれは計画的時間（タイム・スケジュール）に身をまかせているからだ。おそらく救世主を待つ感覚も、このようなものに違いない。彼らにとっては、救世主が降臨する一瞬だけが生々しい時であり、後はただ時が流れるただ中で眠りこけているのであろう。救世主を待てるのは、このような時間感覚なのであろう。

34. ベドウィンの血わずらい

だが、そうそう彼らも自由であるわけではない。一つだけ、決定的に縛られているものがある。

それは、血の呪縛である。このこだわりがいかに強力なものであるかはさまざまな事例から読みとれるが、今一度詩を引き合いに出してみよう。前イスラーム時代の砂漠の詩人が作った詩だ。

われはガズィーヤ族の者なり
わが部族、迷いの道を行けばわれもまた迷い
ガズィーヤが正しき道を行くときは
われもまた共に正しき道を行く

（井筒俊彦訳）

まるで無茶苦茶な論理である。何も知らない者（とりわけ近現代人）から見れば「何と

主体性のない生き方か！」と驚き呆れるに違いない。

が、彼らにとってはこれでいいのだ。なぜなら彼らは、自らの部族と共にあって、初めて自己を確かめうるのだ。これを日本の先駆的アラビスト井筒俊彦は「血わずらい」と表現した。

然り、彼らは血をわずらった者である。連綿たる血族系譜に支えられ、それを誇りとする者だった。

肉体的には滅びても、血の受け渡しにより、祖先たちの精神が体内に脈打っている！

これが彼らの全てを支える。

彼らの祖先は今もなお生きている。祖霊は死した魂では決してない。この瞬間にも生き続ける生々しい存在なのだ。そして彼らは、その生々しい祖霊たちと常に邂逅して生きている。祖先が雄々しく戦った武勇について、敗れ去った無念について、過去の記憶そのままに生きている。つまり、過去と今とが濃密につながっているのである。

だから、ここアラブでは、過去の記憶が引き起こすさまざまな事件が勃発する。

その一つが「血の復讐（ディヤ）」である。実際、「血の復讐は百年続く」と言われており、その通りの殺人が今でもアラブで起こっている。つまり、過去の怨念が脈々と受け継がれ、百年経とうが何年経とうが、その生々しい記憶を捨て切れず、血の復讐に駆り立てられるのであろう。

日本人は、何ごとも根に持つことを避けたがるが、アラブは「根に持つことを必須とする」のだ。

血をわずらった砂漠の民——これが、ベドウィンの姿である。そしてこの状態が延々と続いている。

35. アッラーは人と直接向き合う

ところが、ここに異変が起こる。

この砂漠の民の血わずらいをぶちこわした人間が出現するのだ。

ムハンマド（マホメット）である。イスラームの預言者たるこの人物は、こともあろうに、アラブの最も基本とする血のつながりを粉砕した。

彼はまずアッラーの唯一性・全能性・絶対性を称賛した後、そのもとで創られた人間が平等であると宣言した。と同時に、返す刀で血筋や富を誇り合う人々の生き方を否定した。彼らが血道を上げている血の復讐（ディヤ）や利息（リバー）の禁止も強く求めた。

そして、それを強いるため、来るべき最後の審判を描いて見せた。

それは、恐るべき光景だった。人は一人、ただ一人で神の前に引き出され、生前の行いを裁かれる。その裁きは峻烈で、一切の弁明はなしえない。それは、すくみ上がるような戦慄だ。何もかも放り出したくなる恐れである。事実アラブは、これをもって、あれほど固執していた血のこだわりを放棄する。ムハンマドは、それまで何ぴともできなかったアラブの精神改造に着手したのだ。イスラームとは、そうした部族的人間関係を寸断し、一人一人の人間が直接アッラーと向き合うことを警告した教えである。

これは、アラブには、まったく新たな思想であった。そもそも、何の身分もない者が神、それも全知全能の神と向き合うなど考えられない。それまでの教えでは、共同体の長や最高位の司祭だけが神と向き合える存在だった。ところが、イスラームはそれを破った。そして、直接神と向き合う状況を作り出した。あれほど強固な血の絆（アサビーヤ）が弱まったのはこのことがあるからである。

だから、イスラーム（あるいは他の一神教も）には、人と人との間を取り持つ契約はどこにも、ない。あるのはただ、神を通じて果たされる縦（上下）の契約だけである。

これが、横のつながりを事とする部族的精神と絡み合い、一つの風景を生み出したのがこの世界の姿なのだ。

36. ムスリムは異教徒と仮契約しか結べない

ここで、一つの疑問が残る。

「異教徒とムスリムの間の契約はどうなるのか」と。

これは、難しい問題である。

例えば、日本人の大半はムスリムではないのだから、神との契約を取り交わせない。と同時に、イスラームには神との契約だけがあって、ヒトとヒトの契約がないのだから、話し合いによっても担保は取れない。

とすれば、両者の間に根本的な契約は成り立たないことになる。それでいいのか？

実は、この問題は深刻なのだ。異教徒と一神教徒（この場合はムスリム）の間には、本格的契約は成り立たず、すべからく仮契約で済ますことになってしまう。

そもそも、ムスリムにとり、ムスリム同士の契約と異教徒との契約には非常な相違が存在するため、ダブル・スタンダード（二重規範）を取らざるをえなくなる。つまり、異教徒との契約は差別があって当たり前で、さらに言えば何をしても構わないのだ。神による絶対契約でない以上、これは当然のことであった。ユダヤ人が、同胞には無金利で、異教徒には高金利で金を貸すのも同様の理由である。『ベニスの商人』のシャイロックは何も悪徳商人ではないのである。

この状況は、今にまで生きており、私の住んでいたサウジでも、ムスリムが異教徒をひき殺した場合とムスリムをひき殺した場合の賠償額が1千倍ほど違っている。1千倍、である。先に述べた通りである。

彼らは口を開けば、神のもとの平等を唱えるが、それは同じムスリム同士の場合だけで、異教徒の場合には差別は当然のことなのだ。

彼らの言う契約とは、このようなものである。

37. イスラームはアラブの原風景を取り込んだ

さて、イスラームは部族的精神と対立し、それを抑え込むことによって誕生した。この瞬間、アラブは、その表層にイスラームを、その深層に血族意識（部族意識）を併せ持つ二重人格を持つに至った。アラブが、ともすれば分裂傾向に陥るのは、ほぼこのことに依っている。イスラームと血族意識は互いに競合関係にあるのである。

そもイスラームは、部族がそれぞれ持っている部族神をなぎ倒し、その上に君臨してきた歴史を持つ。その結果、赤の他人（赤の部族）を連帯させ、それらが競合する事態を何とか治めた。他方、神は、力ずくで部族民を抑え込む必要上、全能の父系神でなければならなかった。

だが、誤解してはやはりいけない。

確かに、イスラームは前イスラーム時代（ジャーヒリーア時代）の精神（部族的精神）を食い破って誕生したが、その基層部を一掃することはできなかった。いやむしろ、ムハンマドは、既存の部族的精神をイスラームの中に取り込んだ。

それは、次のコーラン百章を見れば分かる。

あえぎながら突き進む馬によって誓う
ひづめに火花を発し
暁に（敵を）襲い
砂塵を巻き上げ
敵軍のただ中に突入する時によって誓う
まことに人は主に対して忘恩の徒である
人は、それについてこのうえなき証人であり
富を愛すること限りがない
人は墓の中にあるものが暴き出されることを知らないのか
胸の中にあるものが暴き出されることを知らないのか
まことに主は、その日、彼ら（の姿）についてよく知りたもう

砂漠の中を馬にまたがり疾駆してゆく。馬の蹄が地面を蹴るたび、パッパッと白い砂塵を巻き上げる。それが馬群のいななきを伴って、彼らの心を高ぶらせる。それを止めるものはもはや、ない。

その中を、雄叫びとともに敵陣目掛けて突進するのだ。

うっとりするような光景だ。アラブの男《おのこ》の至福の時だ。

その至福に酔ったアラブの心（部族的精神）に、神の警告がたたみ込まれる。人の主に対する忘恩を、富への激しい執着を、最後の日（最後の審判）に全ての墓が暴かれるその光景を。

縮み上がるような戦慄だ。無条件の恐怖である。それが、前半部の光景と合わさることで、この章句は完成する。

誰しもすぐに気付くことだが、この章句の前半部（誓いの部分）と後半部（神の警告）に、何の脈絡もありはしない。そこには、まったく異なる情景が並べられているだけである。だが、彼らにとってはこれでいいのだ。それどころか、砂漠の中を馬で疾駆することほど確かな誓いは他にない。その誓いに依ることで、預言者の警告はアラブの心に沁み透る。

コーランがなぜかくもアラブの心を揺るがせたかは、ほぼこのことに依っている。イスラームは、アラブの原風景を取り込むことで、彼らの心を魅了したのだ。

38. 物言う家畜とイスラーム帝国

以上のように、イスラームはオアシス定住民と砂漠的人間の融合とせめぎ合いの中から誕生した。だから、この地の世界帝国（イスラーム帝国）はおしなべて都市商業民の経済力と牧畜民の軍事力が結びついたものである。中でも後者は、イスラーム世界を非常に特徴的なものにしてゆく。

例えば、中東最後の世界帝国オスマン・トルコは、まさに牧畜社会の形態を反映したものであった。なぜなら、彼らは、支配下に組み込んだ民族を家畜と見なし、その上に君臨していたからである。それは、彼らが、畜群の上にまたがって暮らしていたのと同じである。

要するに、彼らは被支配者（あるいは被支配民族）を家畜と見なし、それを搾取することで生計を立てていたのだ。

もとより、それは、彼らの軍事力に依っている。

もともと、彼らの暮らし向きは、正業たる牧畜と副業たる（定着民への）略奪の二本立てから成っていた。この地の牧畜民たちは、農民が刈り入れするのを待ち構え、それを終えた瞬間にその富の一部をかすめ取っていたのである。「農民が刈り入れし、それを遊牧民がもう一度刈り入れする」とは、よく言ったものである。彼らはこうして、遥かに長い年月を牧畜と略奪に明け暮れていた。

ところが、彼らの軍事力が増すと同時に、この形態が変わってゆく。すなわち、一時的な略奪は、次第に常態化されてゆき、定着民（農民）を恒常的に支配する遊牧帝国へと発展する。

つまりは、副業であった略奪を正業化したというわけだ。

ここに、物言う家畜を支配する世界帝国が出来上がった。こうした物言う家畜を飼育・育成することこそ、ウオッチマンたる彼ら（オスマン貴族）の役割だったのである。

よくわれわれは、なぜかくも、遊牧国家があれだけの多民族をまとめ上げ、大帝国を作り上げたかと驚くが、それにはこのような秘密があった。彼らは、征服した定住社会の上に飛び乗り、物言う家畜を飼育して、支配の完成を見たのである。

オスマン朝は、それを最も執拗かつ大規模に推し進めた国であった。

その結果、宰相や軍事司令官までが被支配者（奴隷）から登用され、ついには皇帝に至るまで奴隷の血が混じってゆく。日本は家畜をヒト化するが、彼らはヒトを家畜化するのだ。

その代表例が、奴隷官僚たるエフェンディー（文官）やイエニチェリ（武官）で、拉致連行したキリスト教子弟を改宗させ、国家の運営を担わせた。彼らがなぜ信頼されていたかははっきりしている。ルーツを断たれた彼らにあっては、スルターンに忠誠を誓うほか術がなく、最も忠実な奴隷官僚になったからだ。それは、自由民を採用した場合と比べてみればよく分かろう。強力な血縁集団に帰属している彼らにあっては、一族への帰属意識が優先し、いつ何どき反旗を翻すか分からない。

一方、こうした奴隷官僚は、彼らが奴隷である限り、その生殺与奪権はスルターンが握っており、有無を言わさずその意志を押しつけられた。文字通り、煮て食っても焼いて食ってもいい者を官僚にしたということだ。後にイエニチェリが肥大化すると、彼らの意に沿うスルターンを擁立するようになってゆくが、それは後期のことであり、それまではスルターン絶対制の支持母体となっていた。権力者にとり、これほどうま味のある体制はない。

この場合、イエニチェリが強かったのは、当時の世界には珍しい常備軍であったからで、ならず者をかき集めた傭兵部隊を主力とするキリスト教軍は歯が立たなかった。彼らがイエニチェリと対等に戦えるのは国民国家の組織した国民軍の登場を待たなければならなかった。

こうした奴隷官僚は、トルコ系遊牧民が軍人奴隷として流れ込んで来た時に始まり、奴隷軍人アイバクがマムルーク朝スルターンになった時を経て制度化され（13世紀）、オスマン・トルコにまで引き継がれた。ちなみに、マムルーク（所有される者）とは奴隷を指すアラビア語である。

39. 国家とは私物であり、公私の別などまったくない

しかしこの制度は、別のところで致命的な結果を招いた。奴隷官僚が国家の中枢を占めたため、大多数の民衆は政治から疎外され、国民国家の建設を遅らせたからである。そもそも、彼らの存在は、見るからに異様であった。そのルーツも異様なら、その立場も異様であった。完全な異人種と言っていい。

その結果、一般庶民は完全に非政治化され、ある種の疎外集団となってゆく。だから言う。「トルコの次にイギリスが来た。ファルーク王の次にナセルが来た。サダトの次にムバーラクが来た。で、それがどうした。果たして何か変わったか？」と。ある エジプト人の独白だ。彼らにとり、「支配者は通り過ぎ、国家は無縁の存在」だった。長く続いたこの観念が解き放たれるには、近年のアラブの春を待たなければならなかった。

だが実は、こうした支配の不具合は、その為政者にも多大な影響を与えていた。サウジアラビアでのことである。サウード家もある種の家産奴隷を基盤とする。サウード家の王族は、その上に飛び乗っているだけである。

そのため、彼らは常に言った。「良きにはからえ」

ある日のこと、その良きにはからった結果が出た。下ろされたはずの予算（ジェッダの町の洪水を防ぐための下水道工事予算）が雲散霧消し、どこかに消え去ってしまったのだ。砂漠の国に洪水とは摩訶不思議に見えようが、サウジではこの種の洪水が毎年起き、そのたびに犠牲者が多く出るのだ。

そのため予算が付けられたのだが、いくら経っても工事は執行されなかった。こうした工事の不具合（汚職等）はどこの国でも見られることだが、それでも恰好だけはつけられる。それがいかに手抜きであっても。

ところが、今回の場合は一切手がつけられなかった。業者と行政が談合し、予算をそっくりポッポに入れてしまったからだ。さすがに唖然としてしまう。これでは横領を通り越し、略奪そのものではないか。『アリババと40人の盗賊』の世界である。

この地の統治は、物言う家畜の管理・支配を事とするが、それがひとたびずれ込めばこのようになるのである。言ってみれば、ちょっと油断している隙に、家畜が群れを離れたようなものである。「司牧の意を体さずに動くとは、家畜のくせにけしからん」といったところか。

おそらく、サウジの為政者は離れた家畜を連れ戻す作業（あるいはどうしようもない場合は処分する作業）をしているのだろうが、こうした経緯が適切なものとは決して言えない。


それは、近代という時代をまるで考えていないからだ。

繰り返すが、この地での外国人労働者はすべからく物言う家畜として扱われ、同国人は皆一族郎党だった。いや、一族郎党にしなければ支配が貫徹しないため、イブン・サウードはアラビア半島のあらゆる部族の娘をめとった。だから、彼らに公私の別など、どこにもない。公私の別がないのだから、その地位に付随した権益（さまざまな支配権や賄賂を含む）はその者の特権となり、ここに無限の腐敗が用意される。

この地は、「サウード家の所有するアラビア」なのだ。

むろん、サウジだけが公私混同した国ではない。リビアはカッザーフィの私物であり、シリアはアサドの私物であり、エジプトはムバーラクの私物であった。

アラブの春は、こうした国家・社会の私物化を排除する戦いでもあったのだ。

40. 中東の国が国民国家になれない理由

さて、牧畜社会の思想的構えとは、それこそ「何を信じようと勝手にしろ」と言った態度だ。そのようなものは「自由にすればそれでいい」と。

それよりも問題は財である。被支配者からいかに財（税）を巻き上げるかが一番の問題だった。

したがって、それが満たされない場合には、ただちに軍を急行させた。そして過酷な取り立てを実施した。身近で言えば、暴力団の債権取り立てに似ていよう。

が、彼らの苛烈さはそこで止まる。財以外のことについてはきわめて寛容なのである。中世遊牧帝国が宗教的に寛容なのは、ほぼこのことによっている。事実、モンゴル・ウルス（モンゴル国家）もオスマン・トルコも宗教を尊重こそすれ、押しつけるまねはしなかった。逆に言えば、キリスト教社会が思想・宗教にきわめて非寛容なのは、砂漠から離れたため牧畜文化が希薄になり、僧院制度が発達し（中世ではヨーロッパの成人男子の大多数が何らかの形で修道院に関係していた）、血縁幻想が効かなくなったせいである。

その結果、イスラームは、同期のキリスト教よりはるかに宗教的に寛容であり、はるかに血縁重視の社会であった。彼らは非ムスリムの信者らを二流市民に追いやったが、彼らが義務を果たす（税を払う）分にはその司法自治を認めていた。オスマン・トルコのミッレト制とは、その典型的な例である。

これは、無数にある宗教共同体を支配・管理するためにできたもので、古くはアラブ・イスラーム王朝が異教徒保護民（ジィンミー）に適用したものであった。オスマン朝では特に、ギリシア正教徒、アルメニア人、ユダヤ人が重視された。例えてみれば、スンニー派イスラームの雲海に、大小さまざまなミッレトが顔を出している状態と言っていい。そのミッレトは、オスマン朝に忠誠を誓う首長（ミッレト・バシ）によって管理され、その義務（徴税等）の見返りに、共同体内の司法権を獲得していた（後の悪名高いカピチュレーションはこの司法権に外交権を付与したもので、これが帝国主義列強の侵略の足場になる）。

だから、こと司法権に関する限り、ミッレトごとにバラバラで、国家内国家ができている状態と言っていい。これは、今の体制にまで引き継がれ、ここ中東では統一した国法で治められている国はない。とりわけ民法はそうである。

具体的な例を挙げよう。この地での結婚は、すべからく宗派ごとの宗教法に依っており、国法に依っていない。しかも、宗派ごとに分かれた社会は異宗間との結婚を認めないため、あえて結婚を貫く場合は欧米にでも行って届け出るしかないであろう。

これが、この世界の実情である。しかもその際、双方の一族から完全に締め出され、デラシネの夫婦となるであろう。

しかし、国家の司法がこのような状態にある限り、近代国家は成り立たない。そこで、宗教法を上回る国法を造ろうとの動きが出るが、それがうまくいったためしはない。中東で最も近代化されているイスラエルでもそれは無理で、相変わらずそれぞれの宗教法が共同体の問題（とりわけ民事）を処理している。

これが、いかに問題かは、彼らが他の国民国家（欧米や日本等）と交わる時に現れる。早い話が右の結婚である。周知の通り、イスラーム法では一夫多妻制を採っている。したがって、男性が第二・第三・第四妻を持つのは違法ではない。では、右に挙げた先進国でそれをやろうとした場合はどうなるか？　果たして、それは有効なのか無効なのか？

例えば、アメリカを例に取れば、同国は地縁の国故、他国の法律・習慣は一切考慮されえない。「アメリカではこうなっている。それが嫌ならここから出て行け」と言って終わりである。だから、いくらイスラーム法を振り回し一夫多妻を主張しても駄目なのだ。

だが、日本は地縁の国ではないために、これはできない。

その際は、重婚罪を盾に取り無効を宣言するだろうが、確信を持ったものとはならないはずだ。

では、当該のムスリムが、その日本人の妻候補を自国（例えばサウジ）に連れ帰って結婚し、その後日本で婚姻届けを出した場合はどうなるか。果たしてその結婚は有効か？まことに、考えるだにめんどうくさい。そのめんどうくさいことを彼らは逐一やっているのだ。この地の苦労の一端が偲ばれよう。また、これで、国法の統一を基礎とする国民国家ができない理由も理解できよう。

では、その至難な国民国家を建てようとした場合はどうなるか？

まずは、ミッレトのもととなる宗教を潰さねばならなかった。これが共同体化しているから二重規範が出来上がり、国家への忠誠がないがしろにされるのだ。

そこで、トルコ建国の父ケマル・パシャはイスラームを徹底的に抑え込んだ。他のミッレトにも同様に苛烈に対した。彼がイスラーム勢力を根絶やしにし、少数民族（アルメニア人等）を粛清し、ひたすら脱宗教体制を図ったのはこのことがあるからだ。

一方、トルコと同様独立を保ったサウジの場合は、タリーカ（イスラーム神秘主義教団）を潰しシーア派を抑え込みワッハーブ派一色にすることで国家統一を成し遂げた。

この両国が独立を保ったのは、偶然の所産ではないのである。それは国法を統一し、国家内国家を殲滅し、国民という均一の集団を造り上げたせいである。

ちなみに、このミッレト制が近代とそぐわなかったのは、それが身分制を取っていたからでもある。ミッレトに認められた宗教的マイノリティーは皆二流市民でしかなかった。

オスマン朝は、民族や人種でなく、宗教により人を位置付ける体制である。したがって、ひとたびムスリムでないとなると、生存権は認められても、それ以上の権利は獲得できず、それに耐えなければならなかった。

例えばユダヤ人の場合であるが、強制改宗さえ強いられていないものの、さまざまな制限が加えられた。

おまけに、ムスリムとのトラブルではイスラーム法が優先されてしまう結果、常に不利な状態に据え置かれた。彼らの地位は、中世キリスト教よりわずかにいい、というその程度だった。ユダヤ人は、キリスト教世界の迫害（強制改宗等）によりイスラーム世界へ逃げ出したが、再びそこからも逃亡した。イスラエルにアメリカからの移民が少なく、中東からのそれが多いのはこのことがあるからである。

あとがき

まずは、ここまで読んでいただいた読者諸兄諸姉にはお礼を言わねばならないだろう。ただでさえややこしい中東の出来事を、それにもめげず読んでもらったからである。

さて、この執筆をしている最中《さなか》、イスラーム国による日本人人質事件が発生した。イスラーム世界に足を運ぶ身としては身につまされる事件であるが、こうした事態が起こるのは予想されたことでもある。

現在は、グローバル化が常態になった時代である。そこでは、狭くなった地球の中で押し合いへし合いが続いている。その結果、それまでは顔を合わせなかった者同士がいきなり付き合わざるをえなくなる。日本とイスラーム世界の関係もそれに当たろう。

もちろん、そうした場合には、日本人だけがテロの埒外になるとは考えにくい。となると、相手が何を考え何を求めているのかを知る必要が生じてくる。今回の事件はそれを見事に暗示している。

したがって、まずは仁義を切りながら、相手の手の内を探ることから全ては始まる。

この場合、「偏見をなくして相手を見よう」などという高望みはしないことだ。それがある程度できるにはかなりの年季が要るであろうし、たとえ年季を積んだとて偏見がなくなるものでもないからだ。文化相対主義や多文化主義がなぜ破産したかと言えば、そうした背伸び（高望み）をしすぎたからだ。もとよりそれは、イスラームに見られるような自己絶対化よりかはましなのだが、それでもかつてのような切り札になることはない。

私見を言えば、ここで最も必要なのは、自己の偏見も含めた形で丸ごと観察することだ。

そして、それは素朴な疑問から開始される。

「ムスリムはなぜこのように考えて、なぜあのように考えないのか」

「ムスリムはなぜこうした事態に激怒して暴発してしまうのか」

「ムスリムはなぜ同様の過ちを繰り返し、その失敗を省みないのか」

「ムスリムはなぜ互いに相争い、事態を収拾できないのか」

等々と、それこそ疑問はごまんとある。

またその場合には、日本との比較も大事である。断っておくが、それを難しく考える必要などまったくない。自身が日本人である限り必然的に湧いてくる両者の差異を検討してみればそれで済む。

第一、面白いではないか、この比較は！

それは自分のためにもなる。自分が何者かを浮き彫りにできるからだ。

そうした問題意識の上に立ち、私なりに出した答えがこの書である。果たしてそれが合っているのかどうなのかは定かではないが（もちろん、私は合っていると思っているが）、熟慮した結果であることは確かである。

一読していただければ、これ以上ない喜びである。

血で血を洗う
「イスラム国」殺《さつ》戮《りく》の論理

２０１５年３月７日　第１刷発行

著　者　小瀧透
装　丁　川名潤（prigraphics）
発行者　土井尚道
発行所　株式会社飛鳥新社
〒１０１－０００３
東京都千代田区一ツ橋２－４－３　光文恒産ビル
電話　０３－３２６３－７７７０（営業）　０３－３２６３－７７７３（編集）
http://www.asukashinsha.co.jp

印刷・製本　中央精版印刷株式会社

ISBN 978-4-86410-402-9

担当編集　品川亮